雅歌註釋雙譯

王福民 楊東川————譯著

SIR
HASSIRIM

本書獻給聖光神學院研究部「釋經學」的 25 位同學。他們的殷勤、好學、合作，留給我深刻的印象，幫助我明白「教學相長」的意義。

目次

簡寫一覽

AV　　即 Authorized Version，亦即欽定本。

ASV　　即 American Standard Version，亦即美國標準本。

JB　　即 Jerusalem Bible，亦即耶路撒冷沮聖經。

NASB　即 New American Standard Bible，亦即新美國標準聖經。

NEB　　即 New English Bile，亦即新英文聖經。

NIV　　即 New International Version，亦即新國際版。

RSV　　即 Revised Standard Version，亦即修訂標準本。

呂譯　　呂振中譯本。

思高　　思高聖經學會譯本。

現中　　現代中文譯本。

寫在出版前

　　《雅歌註釋雙譯》自 1995 年問世以來，已閱二十個年頭，作者之一，閩南耆宿王福民長老也已安息主懷。想到他老人家生前曾盼望在教會之外出版社發行其〈雅歌〉古典譯文，以廣流傳，如今夙願得償，存歿皆感。尤其是正值他的摯友，故吳經熊博士大作《聖詠譯義》出版卅六週年重版之際，本書能列入臺灣商務印書館的書林，與有榮焉。

　　〈雅歌〉成為《聖經》裡頭的一卷，而且號稱「歌中之歌是聖中之聖」自有它的道理。一向反對「靈意解經」的神學家加爾文（Jean Calvin, 1509-1564），也接納「雅歌」為可愛的例外。教外人士尚可以視之為文學讀物，以迎合愛好文學人士的興趣，並以之為比較文學的研究素材。各取所需，各行其道，何樂而不為？

　　《雅歌註釋雙譯》以希伯來詩〈雅歌〉為文本，經過官話和合本的漢譯，參以猶太學者葛底斯拉比（Robert Gordis）的英譯，最後通過王福民長老的生花妙筆，以漢語的潛力，古詩的造詣，畫龍點睛，把希伯來詩的韻律和精神，發揮得淋漓盡致，頗得謝赫畫論上有名的「氣韻生動」的神髓。不知道這世界上是否還有哪種語言能創造出像漢語如此般極具美感的文字來。當我們不假思索地跟隨著時潮瘋狂地學習外語的同時，是否能偶爾停下腳步，回過頭來欣賞一下我們自己的祖傳文化呢？當我們津津樂道於各種無釐頭的網路時尚用語當下，又是否能偶爾靜下心來品味一下傳統文化所帶給我們的不一樣的感動呢？有感於此，不惴東施效顰，特將〈雅歌〉（〈雅〉5：2-5）「愛情的苦澀」演繹良人的心思，參考源自網路的英文詩神譯之筆，稍加潤色，臚列於此。讓我們再一次欣賞漢語之美所帶給我們的震撼！

該詩原作者不詳，有人說是土耳其的某無名氏，但絕不可能是莎士比耳（William Shakespeare, 1564-1616）。上世紀八〇年代英年早逝的牙買加（Jamaica）歌手巴布馬利（Bob Marley, 1945-1981）把它唱紅了，其英文原稿：

> You say that you love rain,
>
> But you use your umbrella when it rains.
>
> You say that you love the sun,
>
> But you find a shadow spot when the sun shines.
>
> You say that you love the wind,
>
> But you close your windows when wind blows.
>
> So that's why I am scared when you say that you love me.

（新詩式譯文）：

> 你說你愛雨，
>
> 但當細雨飄灑時，你卻撐開了傘；
>
> 你說你愛太陽，
>
> 但當陽光普照時，你卻躲進了蔭涼；
>
> 你說你愛風，
>
> 但當它輕拂時，你卻緊緊地關上了自己的窗子；
>
> 你說你也愛我，
>
> 我就是為此害怕、担憂。

（文藝式之譯文）：

> 你說煙雨蒼茫，
>
> 蘭亭遠望；
>
> 卻自輕攬婆娑，
>
> 深遮霓裳。
>
> 你說春光明媚，
>
> 鳥語花香；

卻任月滿西樓，
不在卿旁。
你說軟風輕拂，
吹面垂楊；
依舊緊掩紗窗，
黯然神傷。
你說情絲百結，
如何相忘；
我卻驚慌失措，
兀自成霜。

（詩經式之譯文）：

子言慕雨，
啟傘避之。
子言好日，
尋蔭拒之。
子言喜風，
闔戶離之。
子言偕老，
余將畏之。

（離騷式之譯文）：

君樂雨兮啟傘隻，
君樂晝兮林蔽日，
君樂風兮蕙帳起，
君樂余兮余心噬。

（五言體詩式之譯文）：

惡而偏打傘，喜情卻遮涼；

風來掩朱戶，葉公驚龍王。
片言隻語短，相思繾綣長。
君說君愛我，妾身低思量。

（七言絕句式之譯文）：

臥榻愁聽長短更，
寒窗昨夜雨連明；
待將一掬相思淚，
寄予天涯太瘦生。

（七言古詩式之譯文）：

江南三月雨微茫，
羅傘疊煙桃花香。
夏日微醺遊人醉，
卻傍佳木趁蔭涼。
霜風清和更初霽，
輕蹙蛾眉鎖朱窗。
憐卿一片相思意，
猶恐流年打鴛鴦。

（長短句式之譯文）：

江南好，人在畫樓東；
雨岸曉風楊柳綠，
半溪春雨杏花紅。
好景共誰同？

王老的遺言曾提及「今後如主許可，祈可以再合作譯註〈約伯記〉、〈傳道書〉或先知的書等《聖經》文學」，如今哲人其萎，只好期待來者之可追也！

公元 2014 年情人節於加州哈崗

重讀聖經文學〈雅歌〉

> 「鐵磨鐵，磨出刃來；朋友相切磋，也是如此。」
>
> 　　　　　　　　　　　　　　　（〈箴言〉27：17）

　　抗戰勝利後，我從之江大學的刊物，看到顧敦鍒教授教用五古翻譯的〈雅歌〉一首，覺得很有意思。渡菲之初，譯了四首，刊諸《新聞日報・信心生活版》。石新我牧師有一回向我索取另四首，說是香港的雜誌要採用；我無以應。1958 年，丁星教授自牛津歸來，對我說：「你要出版你的著述，應該先推出〈雅歌〉。」並向紐約猶太教神學院求得葛底斯譯的雅歌，讓我譯成白話詩；初稿草完時，他替我用宋體字謄正；更商請朱一雄先生插畫。

　　美歸正教會伊樹德牧師（Rev. Esther）邀龔人傑長老和我等人，合力創設計順市基督教會，聘請臺灣黃武東牧師來開發。這教會後來建有殿宇，會眾 350 人，但卻遭受撒旦許多攻擊。楊東川牧師在那風風雨雨中，勇敢地牧會三年。龔公和我，因續任長老於中華基督教會，在計順市教會，反成客人，無法聞問其中的是是非非。但楊牧師和我，卻頗有交往。

　　1991 年，我想再版《雅歌》和《靈犀集》，經過許多波折，翌年才得臺灣師大教授盧增緒仁兄，交臺灣北某出版社付梓，我沒有收稿費，當然保留版權。楊牧師由紐約來信（加州），要和我合作，把《雅歌》自文學讀物，變成屬靈讀物。我答：「等該出版社再版了，看成績如何再說。」

　　該出版社原訂 1992 年 5 月出書，不知何故，延宕了兩年迄今！去年 8 月 6 日我的愛妻在加州息勞；今春我姊姊回廈定居；我只好移來紐約，與兒女同住。楊牧師舊事重提，我立刻接受他的好意。原因是：文學讀物，

可迎合愛好文學人士的興趣；屬靈讀物，可適應主內讀者的需求。我的著述，只望流傳，不謀名利；況且傳揚天國福音，是我的天職——主賜我的餘年，要用於講道與宣教文字事工。

故丁星教授曾鼓勵我再以文學手法翻譯《箴言》，我沒有撥冗執筆。丁教授已息勞十七年了！幸虧這空隙楊牧師已填補好了。現在他秉著譯註《箴言》的經驗，來註釋《雅歌》，賦與屬靈的寓意，藉著聖靈的能力，點石成金，可使讀者獲得至寶。今後如主許可，可以再合作譯註《約伯記》、《傳道書》或先知的書等《聖經》文學。

拙譯《雅歌》，謬蒙學人的喜愛，除吳經熊博士以外，謝扶雅教授曾交 Dr. F. P. Jones 所編的 China Bulletin 推介三次；德漢堡大學漢學系前主任 Dr. Frenke（富吾康博士）認為：「勝過任何英、德譯本。」丁星教授也如此說過。這是中國文字的潛力勝過英、德文字之故，不是我有什麼才能。巴黎大學張馥蕊教授、劍橋鄭德坤教授、臺灣大屈萬里教授、東海顧敦鍒教授、德富吾康夫人胡雋吟女士（河南人，北大畢業，北大《中德學報》編輯），均置佳評。這都是憑主的恩賜。

教會學人的著述，能得到學術界的肯定、廣大社會讀者的接受，對宣揚基督教的真理，大有幫助。想把這事工做得好，要注意三件事：教會學人要合作，此其一；要提攜後進，造就青年才雋，此其二；出版機關要合作，不專求暴利，要以宣揚真理為鵠的，此其三。

　　　　　　　　　　王福民　　主後 1994 年 5 月，於紐約

天上人間的雋永之書

努文亨利（Henri Nouwen）在《受傷的醫治者》（*The Wounded Healer*）一書說到一個年青的逃犯亡命到一小城得受接納。當士兵來找這逃犯，城裡的人為他遮瞞。士兵懷疑他們說謊，就警告他們交出逃犯，不然翌晨全城將夷為平地。驚惶之餘，有人去向牧師請教。

牧師大驚失色，退到書房去查《聖經》。他徹夜未眠，毫無所獲。就在破曉之前發現一經節：「一個人替百姓死是有益的」（〈約〉18：14），牧師如獲至寶，告訴會友他的發現。於是年青的逃犯被告發而捉將官裡去。全城歡聲雷動，通宵慶祝死裡逃生。

但牧師回到書房，心中仍舊悵然若失。天使在夜間向他顯現。「你為何惶恐不安？」天使問。「因為我將逃犯交給敵人。」他答道。「但你不知道他是彌賽亞嗎？」天使問。「我怎會得知？」牧師極其痛苦地回答。天使應道：「你如不讀經，而去探訪那個年青人，注視他的眼睛，你就一目了然了。」

這個悲劇故事令人反問：「我們如何正確了解《聖經》？」在此例子，由於錯解經書，生命之書變成賜死之書；同樣地，在另外場合，自由之書變成奴役之書；恩典之書變成審判之書；靈魂之書變成死的教條。畢竟「郢書燕說」的幸運例子，少之又少。

我們聽到的《聖經》信息，依賴我們如何了解《聖經》。因此，我們在註釋《聖經》之前，必須追問幾項重要的問題：「《聖經》是什麼？」「讀者是誰？」「作者是誰？」「我如何讀這一卷《聖經》？」

如果〈雅歌〉只是「情詩集粹」，坊間有的是「情書大全」或「古今

愛情詩賞析」，殊不必多此一舉來說文解字；但我們若認定《聖經》都是上帝的啟示，這本《雅歌》就絕非如「花間集」、「香奩詞」令人想入非非，而是寓意雋永，影響深遠，發乎情、止乎禮的文藝作品，從中流露天上人間的愛情喜訊。

本人特別感激王福民長老慨允將其雙譯文合刊於此，使得本註釋生色不少。本書除了體會天人之間愛情的馨香之氣，也可作為比較文學的研究素材。另外，註釋部分亦得多位授課同學協助，以行文方便，未能一一註明，謹申謝悃。

大體說來，基督教會可以分為三個主流：基要／福音派強調重生，有如過「逾越節」；靈恩派強調聖靈充滿，有如過「五旬節」；奧秘派則強調攻克己身（〈羅〉8：10-17），天人合一，有如過「住棚節」的經歷。

教會歷史上，屬於奧秘派的團體，在天主教有方濟各會和原屬西多（Cistercians）修道會的特拉普教派 (Trappist) 等；更正教方面較明顯的只有清教徒、（摩拉維亞）弟兄會，另外像基斯威克 (Keswick) 培靈會等。他們的事工雖然不同於其他流派，但他們將一股生命的清流滋潤了乾渴的心田，帶領人進到屬靈的高原。他們的細水長流，藉著少數聖徒的孜孜矻矻，造就了整個基督教會。本書刻意師法前賢，將原文中的歷史背景、上下文之連貫經義、文法結構、重要字詞訓詁之後，特加奧秘性地靈意解經，穿鑿附會之處，在所難免，尚祈博雅正之。

楊東川　主後 1995 年 3 月 , 於高雄聖光神學院

導論

至上的書

「雅歌」直譯是「歌中之歌」（The Song of Songs）。這樣的名稱在以色列人眼中是超特的，無比的。比方《舊約》時代的會幕及聖殿，被稱為聖所，裡面有個至聖所，由大祭司按規矩抽籤，輪流每年一次進到裡面去燒香。至聖所直譯是「聖中之聖」（Holy of Holies）。以色列人頌揚上主，稱他為「萬王之王」，「萬主之主」（The King of kings, The Lord of Lords）。這些都有至高（Most High）、無倫（Unique）的意思。

阿喀巴拉比（Rabbi Akiba）說過一句很有分量的話：「整個宇宙是沒有價值的，直到雅歌賜給以色列人之日；因為全部《聖經》都是神聖的，而雅歌是聖中之聖」（*Rrobert Gordis: The Song of Songs, p.1*）。這話會教人駭異，因雅歌表面上看來毫無宗教色彩或民族色彩，竟被高舉到這樣的程度。

在雅歌集中找不到上帝的名號，在第八章第六節裡「耶和華的熱焰」，標準英譯本作 "A most vehement flame"，據 *Interpreter's Bible* 註釋：這是希伯來人用以代表具有至高力量的神聖名號（Volume 5, 144）。至於具有國家主義色彩的「錫安」，只在第三章第 11 節裡提到一次。

阿喀巴拉比的那句話，據猜想有兩種意義，第一，這歌集以男女之愛以況喻上帝和以色列民族之愛：「少年人怎樣娶處女，你的眾民也要照樣娶你：新郎怎樣喜悅新婦，你的上帝也要照樣喜悅你」（〈賽〉62：5）。以親子之愛況喻耶和華和選民之愛。八章雅歌裡提到「我母親」四次（〈雅〉1：6；3：4；8：1；8：2），「懷我者」一次（〈雅〉3：4），

「他母親」一次（〈雅〉3：11），「她母親」一次（〈雅〉6：9），「生養她者」一次（〈雅〉6：9），「你母親」一次（〈雅〉8：5），「生養你者」一次（〈雅〉8：5）。次數雖不多，所表現的情感，卻很濃厚。「婦人焉能忘記她吃奶的嬰孩，不憐恤她所生的兒子；即或有忘記的，我卻不忘記你。看哪，我將你銘刻在我掌上，你的牆垣常在我眼前」（〈賽〉49：15-16）。先知的說法是以色列人精神的反映，而雅歌被認為以隱喻的方式出之，所以更加要眇，更加優美，而能感人至深，收效較先知的載指痛斥為大。第二，雅歌是一部很優美的文學作品，和普通的經典不同；沒有雅歌，整部《聖經》便失卻「溫柔敦厚」之旨。

是的，男女之愛是人生最大的奧秘，當上帝創造男人亞當，使他住在伊甸園裡之後，覺得他獨居是不好的，便叫他沉睡，取了他的肋骨，造了一個女人，領她到他跟前。亞當說：「這是我骨中的骨，肉中的肉」，（"This is bone of my bones，and flesh of my fleshs"）（〈創〉2：23）。

有「骨中的骨，肉中的肉」的微妙關係，才能唱出「歌中之歌」，冒出「耶和華（萬王之王，萬主之主）的無上熱焰」來。

「雅歌」自公元九〇年傑尼亞（Jamnia）會議重新確定它為《聖經》中不可或缺之一卷後，地位從沒有動搖過。

思無邪

〈雅歌〉是「歌中之歌」，和中國的《詩經》一樣是世界第一流的文學典籍。孔子批評《詩經》說：「詩三百，一言以蔽之，思無邪」。許多人如果真明瞭《詩經》的內容，一想到十五國的國風，定會懷疑孔子的說法；特別是有道學家那種方巾氣的人。朱熹在他的《詩經註釋》裡常以「淫奔之辭」為題解。既然《詩經》的國風裡充滿了「淫奔之辭」，何以孔子竟說它是「思無邪」？原來站在道學家狹隘的立場來看，的確國風裡充滿了「淫奔之辭」；但若站在文學、藝術的立場來說，國風的確是「思無邪」。站在道學家的立場是要表彰「善」，站在文學藝術的立場是要表彰「美」。歸根究柢，「善」和「美」是二而一，一而二的。儒家注重人倫。

人倫沒有男女的關係是建立不起來的。俗語說：

> 「天下事從一室始，世人情由平旦初。」

道家注重順乎自然。如果抹煞男女的關係便是違反自然；墨家主張兼愛，如果不著重男女之愛，在邏輯上也講不過去。法家雖然殘酷寡恩，但如漠視男女的關係，也無從施法令，申刑禁。

《詩經·國風》第一首〈關雎〉中有：

> 「窈窕淑女，寤寐求之，
> 　求之不得，寤寐思服，
> 　悠哉悠哉，輾轉反側。」

這幾行，譯為語體是：

> 「美貌賢淑的女子，我在夢中尋求她，
> 　尋覓卻找不著，
> 　我睡在床上想念著她，愁思像悠悠的水流，
> 　叫我翻來覆去睡不著。」

這樣的內容，詩序竟說它可以「風天下而正夫婦」。

儒家解釋〈關雎〉，都根據孔子的「樂而不淫，哀而不傷」（《論語·八佾》）而立論。荀子和史遷都有「國風好色而不淫」的說法，就是告訴我們美感和快感有分別，國風所給人家的是美感，而不是快感；現代一些沒有價值的小說或電影，給人家的是肉感與快感，而不是美感。

葛底斯拉比（Robert Gordis）在其所著〈雅歌〉的序文裡說：

> 「〈雅歌〉被收入《聖經》裡，證明猶太教所堅持的基本概念即人性是聖善的，由於它是從神性中表現出來的。基此，可引用阿喀巴拉比的名言：『歌中之歌是聖中之聖』。」

上帝本自己的形像以造人；上帝吹氣給人，使他成為有靈的活人；上帝是靈，拜祂的要用心靈與誠實；這些是猶太教和基督教對人性的基本認

識。人的一切既出自上帝，上帝特賦給他有超越其他動物的品質（和上帝同樣的），使他能夠認識上帝，和上帝交契，並支配萬物；那麼，人性的聖善，是無容置疑了。

〈雅歌〉用高度的文學手法以表現人類至性之愛的……優美，高尚、樂趣、尊嚴、神聖……，且被認以人類至性之愛而況喻神人之愛，當然是「歌中之歌」，「聖中之聖」了。

說〈雅歌〉是「歌中之歌」，「聖中之聖」；和孔子說《詩經》是「思無邪」，二者比喻實有異曲同工之妙。

不過荀子和史遷所說的「國風好色而不淫」，乃強調美感是高尚的，肉感是卑污的。〈雅歌〉的描寫人類至性之愛卻是大膽的，把美感和肉感交融為一的。

中國幾千年來詩歌的基本概念是以《詩經》為張本：「國風好色而不淫，小雅怨誹而不亂」。杜甫詩歌理論的中心是「別裁偽體親風雅」。裁汰偽體，不悖《詩經》好色不淫，怨誹不亂的原則，以風雅為依歸。但西洋人大膽地以藝術模擬人類的性慾，以文學描繪人類的性慾，〈雅歌〉可說是其泉源之一。

在《詩經》的國風裡，雖然充滿了男女愛情的篇什，但大膽地描繪性慾的卻未曾見；勉強去搜索僅有「召南」的〈野有死麕〉：

「野有死麕，白茅包之，有女懷春，吉士誘之；
　林有樸樕，野有死鹿，白茅純束，有女如玉；
　舒而脫脫兮，無感我帨兮，無使尨也吠。」

其意語譯如下：

野地裡有死獐，以白色茅草包裹有個女子正懷春思，
樹林裡有小木，野地裡有死鹿，用白色茅草將牠包束，
有個女子莊麗得像美玉，要慢慢地來啊，
別動了我的門帘啊，別惹起狗吠啊。

〈野有死麕〉這一首，解釋者言人人殊。顧頡剛氏曾解釋末段的「舒而脫脫兮，無感我帨兮」，說是女郎感到性慾的滿足而顫抖，胡適之先生說是太過了（《古史辨》第三冊詩經之部）。有人把「帨」字解作蔽膝之巾。那麼，「無感我帨兮」，便反映那吉士的毛手毛腳了。其實這是一首很美麗的描寫戀情的發生與幽會的情景的詩。

　　用白茅包著死麕以形容女郎雖有莊重外表，卻有懷春的內心。死麕包著白茅，看起來潔白，不久那腥臊的味道終要透出來的。女子被吉士的挑逗，一天不表露春情，兩三天終會表露的。最後一段描寫那吉士跑去和那靜女幽會，把靜女初次和吉士幽會的患得患失，半推半就的神情完全表露出來。所以這首詩也合乎「好色不淫」的條件。

　　〈雅歌〉卻不然。它三次描繪男女床第的私事（〈雅〉2：6-7；3：5；8：4）茲舉二章6至7節作證：

> 「他的左手在我頭下，他的右手將我抱住。
> 　耶路撒冷的眾女子阿，我指著羚羊，或田野的母鹿，
> 　囑咐你們，不要驚動，不要叫醒我所親愛的，
> 　等他自己情願。」

此段文意譯為五言古詩如下：

> 邠城眾女兮，諦聽余叮嚀，
> 羚羊深山歇，母鹿郊外行，
> 毋令落荒躓，毋使夢中驚，
> 郎儂方繾綣，欲飽飫春情。

所羅門之歌

〈雅歌〉的標題：「所羅門之歌，歌中之雅歌」；英文作："The Song of Songs which is Solomon's"。關於 The Song of Songs（歌中之歌），我們在前面已經詳細申論過了，現在來討論「所羅門之歌」。

〈雅歌〉是一部戀愛詩的集粹（見 Gordis: *The Song of Songs,* p.18）。那麼，〈雅歌〉裡面七次提到所羅門要怎麼解釋呢？

在第一章第 1 節裡的標題讓許多後人相信〈雅歌〉就是所羅門的作品。〈列王紀〉第四章第 30 至 31 節記著：「所羅門的智慧超過東方人，和埃及人的一切智慧，他名聲傳揚在四圍的列國。他作箴言三千句：詩歌一千零五首。」

在這裡又好像得了一個佐證：「他的詩歌有一千零五首。」猶太的拉比們認為「所羅門寫過三部經典：〈箴言〉、〈傳道〉、和〈雅歌〉。」那一部是先寫的？……大拉比海耶（Hiyya）說：「所羅門先寫〈箴言〉，其次〈雅歌〉，再次〈傳道書〉……」約拿丹拉比（Jonathan）說：「他先寫〈雅歌〉，其次〈箴言〉，再次是〈傳道〉」。約拿丹拉比是根據人性之常而言的。一個人在年青時代，他唱情歌；當他一切都成熟了，就實踐〈箴言〉；當他年紀老了，就看破萬事，而作〈傳道書〉。」（請參閱 Gordis: *The Song of Songs*, p9）。

但據葛底斯拉比集合學人研究的結果：「所羅門之歌，歌中之雅歌」這標題是編纂這歌集的人所加的，非原來的式樣。

第一章第五節裡「所羅門的帳幕」，這正像後代人所說的「所羅門王的寶藏」（King Solomon's Mine），「路易十四的家器」（Louis XIV's Furniture）一樣，和所羅門沒有什麼直接的關係。

第八章 11、12 節裡，所羅門是用以指一個擁有鉅額財富的代表，好像「煤油大王」或「百萬富翁」之類。

在第三章裡還有三次提到所羅門（〈雅〉3：7；3：9；3：11），這些支持了傳統的說法：所羅門即〈雅歌〉中的「良人」（參閱〈列王紀上〉

11：1），或稱作「王」。此論看來有理，實則不然。在三章 7 節中的所羅門沒有加上「王」字；而〈雅歌〉中其他許多地方用「王」字（1：4；1：12；7：5）卻不專作所羅門。所以全書就是這一段提到所羅門是比較特別的。

〈雅歌〉在這一段（3：6-11）曾被多數人視為農村結婚進行曲。但詳細研究下，有以下困難：

（一）這段裡有「煙柱」（第 6 節），「六十個善戰的勇士」（7 節），和普通詩歌的誇飾不同。10 節中有「純銀作柱，黃金作底，坐墊紫色，裡面鋪著象牙」，這絕不是想像的。鄉曲的愛侶可以在山林中彼此對說：「我們用香柏作屋棟，絲杉作屋椽」（1：17），但在有限制的情景中提到喬皇華麗的轎車，絕不是質樸的農人們所能歌唱得出的。」

（二）「耶路撒冷眾女子」（3：10）這詞語在〈雅歌〉中多次提出（1：5；2：7；3：5；5：8，16；8：4），但「錫安的眾女子」（3：11）只在這裡提過一次，別的地方再看不到。巴勒斯坦的特徵瀰漫全書，而具有民族色彩的標誌──以色列，只在這裡出現一次（3：7）。

（三）所羅門的名在這裡無法刪除。第 7 節沒有「王」字，而所羅門卻不可或缺；其原文第三章第 11 節如削去「所羅門」字樣，就破壞了詩歌的韻律。

這段無論如何不是農村的結婚歌，因為它的場面豪華，又具有民族意識的色彩。所以這一段被假定為描寫所羅門和外國公主結婚的歌曲，那公主可能極是埃及的地域。

這首詩可作如此解釋：那公主由埃及地上來，有很多的扈從，在曠野中安營，有點像漢妾王昭君出塞的情形；他們在野地燃起煙火。公主的轎車是所羅門送去的，周遭有六十個以色列的勇士保護著。那轎車是用名貴的香柏木為骨幹，是所羅門和腓尼基人通商而輸入的。其裝飾依所羅門奢侈的習性有純銀、黃金、深紫色的坐墊，是耶路撒冷貴族婦女所製成的。

這首詩和〈詩篇〉第四十五首記載以色列和一個腓尼基公主結婚的性質相似。〈詩篇〉四十五首是向王和公主歌頌的，而〈雅歌〉的這一段是敘述埃及公主從曠野裡上來的情形，較像國風裡召南的〈何彼襛矣〉：

「何彼襛矣，唐棣之華，曷不肅雝，王姬之車。

　　　何彼襛矣，華若桃李，平王之孫，齊侯之子。

　　　其釣維何，維絲伊緡，齊侯之子，平王之孫。」

茲試譯成白話詩：

　　「怎會那樣的艷麗，正像那唐棣之華；

　　　怎不叫人蕭然起敬，那王姬的車輛！

　　　怎會那樣的禮艷麗，就像那春天的桃李，

　　　是平王的外孫，齊侯的愛女，

　　　她怎樣地垂釣？用著絲線和細繩；

　　　是齊侯的愛女，平王的外孫。」

這場面當然不及所羅門的盛況了！

詩歌與歷史

　　〈雅歌〉是純粹的抒情詩，看不出有什麼歷史的背景，大部分的詩篇都無法繫以年日。

　　如果講起以色列人的歷史興趣，可以說是勝過印度人。印度人在佛書上常有「距佛出生十萬劫」之類的記載，簡直是在說神話。以色列人的經典，大部分是史籍，記年月也相當清楚，如摩西五經中的〈利未記〉、〈民數記〉、〈申命記〉等；至〈列王紀〉,〈歷代志〉的史筆已相當謹嚴。當然這些仍比不上中國的典籍那麼準確。中國歷史有確切紀年始於西周共和元年（公元前八四一年），在二千五百年前就有一部編年史的《春秋》；每一史事，繫以年月，絲毫不苟。其後史遷、班固等的成就就更加偉大。原來中國人是最富歷史興趣的。

中國的詩，據聞一多的說法，就是記事的歷史。

「詩」字最初在古人的觀念中，卻離現在觀念太遠了。漢朝人每訓詩為志：

「詩之為言志也」（《詩譜序疏》引《春秋說題辭》）。

「詩之言志也」（《洪範‧五行傳》鄭注）。

「詩，志也」（《呂氏春秋》慎大覽高注，《楚辭‧悲回風》王注，《說文》）。

「……志有三個意義：一記憶，二記錄，三懷抱，這三個意義正代表詩的發展途徑上的三個主要階段可（《聞一多全集》頁一八五）。

謝無量也說：「詩與歷史，最有關係。周代采詩，本用史官。」

詩就是一種史料。《文中子》上有一段：「子謂薛收曰：昔聖人述史三焉。其述書也，帝王之制備矣，故索焉而皆獲。其述詩也，興廢之由顯矣，故突焉而皆得。其述春秋也，邪正之迹明矣，故考焉而皆常。」（《詩經研究》第十七面）

是的，《毛詩‧序》也說：「……治世之音安以樂，其政和；亂世之音怨以怒，其政乖；亡國之音哀以思，其民困。……至於王道衰，禮義廢，政教失，國異政，家殊俗，而變風變雅作矣。國史明乎得失之迹，傷人倫之廢，哀刑政之苛，吟詠情性以風其上，達於事變，而懷其舊俗也。……」

中國古時的詩和歷史息息相關，是大家公認的。

按照詩序的說法，幾乎《詩經》裡每首詩都可清楚畫出它的歷史背景，都和當時的歷史人物有關。《詩經》每首詩都可反映當時的政治和社會的生活，是不錯的：如果說全是和當時的歷史人物有關，那未免又有點牽強。

《詩經》的年代始於公元前一一五〇年間，止於公元前五五〇年間。公元前一一五〇年間的詩歌如〈大雅·大明〉：

> 「天監在下，有命既集，文王初載，天作之合，在洽之陽，在渭久涘；
>
> 文王嘉止，大邦有子，大邦有子，俔天之妹，文定厥祥，親迎於渭；
>
> 造舟作樂，不顯其光，有命自天，命此文王，於周於京，纘女維莘。」

文王之妃太姒，是莘人的女兒，有賢德。這首詩是描寫文王娶她的時候，親迎之於渭濱的情景，和〈雅歌〉三章，6 至 11 節描寫所羅門王迎娶外國公主的情景相似。《詩經》這首詩側重天命和門第，不像〈雅歌〉那一首注重排場的豪華。

《詩經》至吳公子季札聘問列國（公元前五五四），觀周樂時已完成。國風可與史事互證的不勝枚舉，如秦風的〈黃鳥〉：

> 「交交黃鳥，止於桑，誰從穆公？子車仲行，
>
> 惟此仲行，百夫之防，臨其穴，喘喘其慄，
>
> 彼蒼者天，殲我良人，如可贖兮，人百其身。」

這是寫秦穆公埋葬時三良殉葬的史事。

《詩經》也有許多詩篇，只能反映當時的社會生活，而無法確指是刺某人或刺某事的；舊說有許多是靠不住的。比如鄭風的「緇衣」，詩序說：「緇衣，美武公也。父子並為周司徒，善於其職，國人宜之，故美其德」。茲錄首節如下：

> 「緇衣之宜兮，敝，予又改為兮。
>
> 適子之館兮，還，予授子之粲兮！」

譯為新詩：

> 「黑布衣裁製得很合身，破了我再替你改製。
> 你上你們的辦公處去，回來時我用笑臉迎著你！」

　　這完全是描寫夫婦和悅的生活。妻子在丈夫出門做事之前，對丈夫說的一些溫存的話，絕沒有什麼讚美公侯的跡象，許多解詩的人被成說所蔽。這首詩反映當時社會的安定，人民的知足，所謂「治世之音安以樂」者也。

　　〈雅歌〉中除第三章第 6-11 節可確指是描繪所羅門王用輦車迎娶外國公主而外，其他也都和歷史人物無關，但可反映當時的社會生活。茲舉第八章第 11-12 節為例：

> 「所羅門在巴力哈們有一葡萄園；他將這葡萄園交給看守的
> 　人，為其中的果子，必交一千舍勒銀子。我自己的葡萄園在
> 　我面前；所羅門哪，一千舍客勒歸你，二百舍客勒歸看守果
> 　子的人。」

今譯為五言古詩如下：

> 「請看所羅門，置一葡萄園，
> 　交園丁經營，在巴力哈們，
> 　為園中果實，人須付千元，
> 　余之葡萄園，區區此一廛，
> 　佳果為我熟，嬌花亦嫣然，
> 　敬陳所羅門，君自獲一千，
> 　園丁培壅苦，應得兩百圓。」

這詩的寓意是說：所羅門有他的財富（巴力哈們可譯作富豪），有他的后妃；我也有我日光下應享的分；擁抱著荊釵之妻，也有人生的樂趣。

〈雅歌〉的時代

〈雅歌〉的時代，起點比《詩經》稍遲，在所羅門王即位之後，乃公元前九百六十年，終止期比《詩經》早，約在北國以色列淪亡於亞述手中之前（公元前七二〇年）。

第三章 6 至 11 節既被鑑定為描摹所羅門王和外邦公主結婚的情景，〈雅歌〉開始於公元前九六〇年之後是沒有問題的了。第六章第 4 節拿北方的得撒和南方的耶路撒冷對照，那麼那首詩不能遲於公元前八七六年暗利建都於撒瑪利亞之時。暗利在位共十二年，建都在得撒共六年，然後以兩他連得銀子，向撒瑪買了撒瑪利亞山，在山上建城；按著山地原主撒瑪的名，稱他的都城為撒瑪利亞。事見〈列王紀上〉十六章 24 節。

〈雅歌〉集中充滿歡樂逸豫的情緒，絕不見有被擄或亡國的陰影；也沒有古列時代的以斯拉、尼希米重修耶路撒冷及重建聖殿那樣的宗教氣氛與願力。如果照中國人的說法，這是「正聲」，而非變風變雅可以比擬。是的，所羅門王是以色列國最強盛的時代，其後國家雖分裂為二，一切的情景大致不差，是猶太民族、國家的黃金時代，直到公元前七二二年，北國為亞述所滅時為止。

「治世之音安以樂，其政和；亂世之音怨以怒，其政乖；亡國之音哀以思，其民困」（詩序）。〈雅歌〉集中沒有衛風的〈氓〉那「怨以怒」的聲調：「……女也不爽，士貳其行，士也罔極，二三其德。」

也沒有王風〈黍離〉的「哀以思」：「彼黍離離，彼稷之苗；行邁靡靡，中心搖搖知我者，謂我心憂；不知我者，謂我何求，悠悠蒼天，此何人哉。」

〈雅歌〉之地理背景

希伯來人所居住的迦南地（Canaan）西南越過西乃（Sinai）區及紅海（Red Sea），就可到尼羅河（River Nile）下游的埃及（Egypt）；北部的山地是它和另一文化帶米索不達米亞（Mesopotamia）的過度地帶。它是肥沃新月形地區（Fertile Crescent）西區，一向和東區的兩河流域（River Euphrates and River Tigris）並稱，也是西方兩大文化發祥地的緩衝區。他們的祖先由米索不達米亞出來，後來下埃及地去，又和迦南地的土著發生密切的關係，所以學得了巴比倫的漢摩拉比的法典，學了埃及人的科學，以及迦南土著的生活方式。

希伯來人在巴勒斯坦建國，僅經三個君王——掃羅、大衛和所羅門，便分裂為兩國；這段的時間是公元前一〇二五至公元前九三五年。全盛時幅員北收亞蘭人（Aram）的領土入版圖，南越西乃區與埃及地相接，及分裂後，北部縮至黑門山地以南，南部則縮至西乃區以北（請參閱《聖經》地圖）。

〈雅歌〉的時代既經判定是公元前九六〇年所羅門王登極後，及被擄至巴比倫（公元前七二二）前的產物，那麼，它的地域就是希伯來人全盛時代的版圖了。

這個地帶沒有尼羅河及幼發拉底河與底格里斯河的定期氾濫，且沒有開展的平原，農業當然不能太過發達，僅北部有幾處肥沃的流域，比較富裕；南部因雨量不足，土地磽瘠，所以這地方是半牧畜和半農業的經濟地帶。〈雅歌〉自然也具備這種色彩，多次提到牧人，羊群……葡萄園。茲舉第二章 16、17 節為例：

> 「良人屬我，我也屬他：他在百合花中牧放群羊。
>
> 我的良人，求你等到天起涼風，日影飛去的時候，
>
> 你要轉回，好像羚羊，或像小鹿在比特山上。」

這兩節的五古譯文是這樣的：

> 「良人屬乎我，我屬我良人，
>
> 　　良人牧羊在何許，
>
> 　　百合花叢綴綠茵，
>
> 　清風起天際，煙歛雲翳飛，
>
> 　良人猶羚羊，遨遊知所歸，
>
> 　嵯峨山上鹿，躑躅偎芳菲。」

《詩經》和《楚辭》卻到處令我們聞到農業社會土壤溫馨的氣息；如《楚辭・離騷》中的：

> 「余既滋蘭之九畹兮，又樹蕙之百畝，
>
> 　畦留夷與揭車兮，雜杜衡與芳芷，
>
> 　冀枝葉之峻茂兮，願俟時乎吾將刈。」

《詩經》周頌的〈思文〉：

> 「田文后稷，支配彼天，文我蒸民，莫匪爾極；
>
> 　貽我來牟，帝命率育，無此疆爾界，陳常于時夏。」

又〈噫嘻〉：

> 「噫嘻成王，既昭假爾，
>
> 　率時農夫，播厥百穀，
>
> 　駿發爾私，終三十里，
>
> 　亦服爾耕，十千維耦。」

〈雅歌〉中的佳人，稱讚她的良人是「好牧人」，在芳菲中牧放；《楚辭‧離騷》中屈原自稱為播種香草名花的園丁；《詩經‧周頌》中周人歌頌他們丕顯的祖先是善於發展農業經濟的領袖。

〈雅歌〉中的許多城市、山嶺、谷地和鄉土，顯示這部歌集是希伯來王國全盛時代的產物。〈雅歌〉的地理背景顯然地以北部以色列為重要，甚至許多次提到敘利亞（Syria）的地域：在外約旦地區，南北邊都曾提到。至於南部的猶大則很少提到。大衛和所羅門二王的版圖正達到〈雅歌〉所提北部及約旦河東的這些地帶。

西北部的山地曾提及的是黑門（Hermon）山和示尼珥（Senir）山，又有正北的利巴嫩（Lebanon）山和亞瑪那（Amana）山。在北國以色列的中部有書念城（Shunem）是屬乎加利利（Galilee）境內的，和撒瑪利亞（Samaria）相鄰；腓尼基人（Phoenicians）地界的南端靠海的迦密（Carmel）山；迦密山南部的海岸平原沙崙（Sharon）谷地；書念南部，靠近約旦河的得撒（Tirzah），北國的王者暗利曾在此建都六年，前面已經提過了。外約旦（Transjordan）的地區曾在歌中出現的有南部基列區（Gilead）的希實本（Heshbon），可能還牽連到北部的巴珊（Bashan）。至於猶大國的地域絕少被提及。在三章11節中提到錫安（Zion），這是具有民族色彩的。數度提及耶路撒冷（1：5；2：7；3：5；10；5：8；16；4；4）；這兩個名字同屬一個地方。此外，只有死海附近的隱基底被提及。

從這些地點可得以下的結論：這歌集肇端於所羅門時代，所以活動範圍遠達敘利亞、外約旦地區，終止於北國淪亡在亞述人手中的時候。因為南部的地區很少被提及，可見是以北部為活動的中心。

當然了，集中雜有波斯文字，如四章13節中的Pardes（Gordis：The Song of Songs, p.23），所以這歌集在波斯時代曾被編纂及潤飾過的，那是在公元前五、六世紀間。

《詩經》的地理背景是黃河中下游的渭水、涇河、鎬水、灃水、汾河、沁水、淇水、衛河的流域之間；《楚辭》的地理背景是長江中游的雲夢沼澤地、洞庭湖盆，及其支流湘、資、沅、澧流域間，是上好的農業地帶；〈雅歌〉產生在約旦流域之間，是農牧兼半的地帶，因地區的寬狹不同，所以留下來詩篇的數量，也有豐仄的懸殊。

〈雅歌〉是祀神曲嗎？

　　對〈雅歌〉的性質最摩登的解釋是認為它是祀神曲，並且說是希伯來人譯自「外邦」的。《聖經》上的史籍不絕地記載著選民隨從迦南地的人民敬拜外邦的偶像，所以這歌集就是外邦淫祀的寫照，和中國《楚辭・九歌》中的湘君、湘夫人一樣。一九一四年捷西（Neuschatz de Jassy）發表論文說〈雅歌〉是祭祀埃及主神奧賽累斯（Osiris）典禮的歌曲；同時威特肯特（Wittekindt）又說是祭祀巴比倫和亞述所崇拜的宇宙生殖神哀絲塔（Ishtar）用的歌曲。

　　巴比倫的農業神叫搭模斯（Tammuz）相傳他為其妻哀絲塔所殺。後此神由下界送回，遂成為植物在季節中死而復生的表徵。巴比倫人祀為農業神。猶太人染了拜搭模斯的淫祀的禮俗，《聖經》多次記載，以西結8：11與8：15節：

> 「他領我到耶和華殿外院朝北的門口，誰知在那裡有婦女坐著，為搭模斯哭泣。他對我說：『人子啊，你看見了麼？你還要看見比這個更可憎的事。』」

因此密克（T. J. Meek）氏在一九二二年發揮偉論說，〈雅歌〉是祭祀搭模斯的歌曲。這說法曾發生極大的影響。

　　接著莫文克爾（Mowin Kel）及其他的學者把這論調擴大到舊約許多典籍上去，認為裡面有豐富的祀神歌曲，大部分是採自迦南人的宗教信仰的。被指為這一類典籍的，包括〈詩篇〉、〈何西亞〉、〈約珥〉、〈哈巴谷〉、〈路得記〉；有的全部是，有的部分是祀神曲。

哈拉（Halla）宣稱〈雅歌〉是祭祀「春之神」哈瑪沙特（Hag Hamazzot）的歌曲，是選民效法迦南人的結果。迦南人在這種的祀神曲中的「良人」就是巴力（Baal），那女郎就是亞斯他錄（Ashtoreth 或 As'arte）。巴力是腓尼基人和迦南人崇拜的神，是代表男性、日頭，如同希臘神話中的邱比特（Jupiter），或〈九歌〉中的東皇太一；亞斯他錄是迦南人所崇拜的女神，代表女人、月亮，如同希臘神話中的維納斯（Venus）。（〈王上〉16：32）節：

（尼八）在撒瑪利亞建造巴力的廟，在廟裡為巴力築壇。

這樣的事不勝枚舉。〈王上〉十一章第5節：

所羅門隨從西頓人的女神亞斯他錄，和亞門人可憎的神米勒公。

選民拜亞斯他錄的事也不一而足。所以哈拉會猜定雅歌乃近東祭祀死而復活之神的歌曲之擴充。

這些主張〈雅歌〉是祀神曲，而且是以色列人效法外邦人敬拜偶像時，從外邦得到資料，或模仿他們的淫祀而製成〈雅歌〉之說法，實在經不起考驗。根據珥理克（A.B. Ehrlich）氏所說一句評衡《聖經》性質精警簡潔的話：「《聖經》是希伯來人奠基於一種宗教根基的民族文學（The Bible is the Hebrews' national literature upon a reilgious foundation）」。無疑地，宗教觀念滲透希伯來人生活的每一角落；古代以色列人的民族生活完全以宗教為依皈，但人的肉體和人性絕不能受抹煞，特別是智慧文學的境域中，人性的慾求與願望是非常熱烈的。比方〈詩篇〉，戰勝仇敵的慾求，〈箴言〉因智慧蒙恩的信念，〈傳道書〉於嘗過一切屬世滋味之後，感到空虛，冀盼得到解脫的人生，都是非常的親切。〈雅歌〉在《聖經》中正是屬乎這一類。

前面已經說過〈雅歌〉是人類至性之愛的流露，絕不見有宗教的成分，怎麼可以和祀神曲等量齊觀呢？更不要說是外邦的祀神曲了！

前面最後提到有人認為〈雅歌〉是祭祀死而復活之神的樂章。主是說的人引證當逾越節時聖殿要誦讀〈雅歌〉，最早記載這件事是約在六世紀

發行的小冊子《律法師》（Sopherim），離開〈雅歌〉編成歌集時至少一千年。這是專用於節期的，歌頌春天的，那節期和「亞筆月的節期」之性質相同，在〈出埃及記〉中有許多關於這個節期的記載：

> 「亞筆月間的這日，是你們出來的日子。將來耶和華領你們進迦南……那流奶與蜜之地，那時你們要在這月間守這禮。」（13：4-5）
> 「你們要守無酵節，照我所吩咐你們的，在亞筆月內所定的日期，喫無酵餅七天。……」（23：15）

然而〈雅歌〉全沒有提到春天節日的事，也沒有亞筆月喫除酵餅的任何痕跡，也沒有提任何祭典。如果說是祭祀死而復活之神，何以沒有對死神獻上哭泣，或說及肉身腐化的資料？

提出上面主張的人，又臆說或者以色列把外邦祭祀死而復活之神的樂章，改為祭祀耶和華的樂章。如果這說法對，為何〈雅歌〉中看不見耶和華的聖名呢？

葛底斯拉對此問題持反對的看法。他說：「〈雅歌〉歌頌的是人性之愛，與神事無關，豐富的內容排拒一切寓言性的解釋。全集所表現的都是現世相的，有思愛成病、有素願得償、有愛侶的調情、疏遠和復和。時常指出巴勒斯坦風土的特殊地區，強有力地排除那些主張〈雅歌〉的材料曾被用作祀神曲的論調，因祀神曲的要素是有定型的，將是一種擴展和反覆的活動型式」（Gordis：*The Song of Songs*，p.8）。

又說：「不管頑固的或新穎的寓言性的解釋，總是受〈雅歌〉真面目所摧毀。傳統的猶太教和基督教寓言性的解釋是〈雅歌〉自有其獨立而迷人的實在性，絕非祀神曲所曾具備」（引自同前）。

勞黎（Rowley）氏說得好：「我們為我們的益處，願一直地尋求〈雅歌〉的隱喻，在一切的經驗中，推想那些事物是屬靈的，但不是說它是為此目的而寫的，或作者有這樣的意念存在心中」（引自同前）。

如果把〈雅歌〉拿來和真正的中國祀神曲〈九歌〉比較，便可發現有顯著的不同。

1.〈九歌〉是神話,〈雅歌〉所說的是人事。中國人一向被稱為缺乏宗教思想的國家,其祀神的〈九歌〉,卻涵蘊著神秘性,而希伯來的宗教思想,滲透了他們民族生活的每一隅,其經典中的〈雅歌〉,卻沒有一點是人性所無,可見〈雅歌〉不是祀神曲。

2.〈九歌〉有祭祀的對象,〈雅歌〉找不到這對象的痕跡。據聞一多氏的說法:〈九歌〉所迎送的神只有東皇太一,其他九神「不妨和東皇太一同出同進,而參與了被迎送的經驗,甚至可以說,被『饒』給一點那樣的榮耀。」(《全集》頁二六六)。

祭禮既非為九神而設,那麼他們到場是幹什麼的?漢郊祀歌已有答案:「合好效歡虞(娛)太一……九歌畢奏斐然殊」。(《全集》頁二六六)

依聞一多氏把〈九歌〉列表分類,並與《詩經》比較,其表如下(《全集》頁二七二):

神道及其意義						歌辭					
						內容的特徵與情調					外形
客體	東君,雲中君,湘君,湘夫人,大司命,小司命,河伯,山鬼.	（自然神）物	助祀	淫祀		雜曲九章	用獨白或對話的形式抒寫悲歡離合的情愫	似風戀歌	哀艷	長短句	轉韻
	國殤	鬼	陪祀	小祀	報功		述戰爭壯烈與英勇	似雅輓歌	悲壯	七字句	
主體	東皇太一	神	正祀	大祀	報德	迎神曲一送神曲二送章	鋪敘祭禮的儀式和過程	似頌祭歌	肅穆	長短句	不轉韻

那麼，很容易看出〈九歌〉和〈雅歌〉的不同（祀神曲與非祀神曲的分別）了。〈九歌〉的對象是鬼神及自然神（物），〈雅歌〉完全是人與人之間的事。良人的對象是靜女，靜女的對象是良人。〈九歌〉區區十首詩可分為戀歌、輓歌和祭歌，就像《詩經》中的風、雅、頌。〈雅歌〉依葛底斯的分法共廿九首，全部是戀歌，如《詩經》中的風。

　　〈九歌〉這部祀神曲每章都有神靈的影子：「吉日兮辰良，穆將愉兮上皇，……靈偃蹇兮姣服，芳菲菲兮滿堂……」〈東皇太一〉

　　「東皇太一」是主神，歌中第二行便說明目的。最後又提到神靈臨格的情形。

　　〈國殤〉是向殉國的英雄（鬼）報功的。最後兩行寫：「身既死兮神以靈，魂魄毅兮為鬼雄。」

　　此外〈九歌〉中的戀歌和〈雅歌〉也不同：「九嶷繽兮並迎，靈之來兮如雲，捐余玦兮江中，遺余褋兮醴浦，搴汀州之杜若，將以遺兮遠者，……」〈湘夫人〉

　　「若有人兮山之阿，被薜荔兮帶女羅，既含睇兮又宜笑，子慕予兮善窈窕」〈山鬼〉

　　這是神話色彩非常濃厚的。蘇雪林女士說是「神人戀愛」，實在是不錯的。〈雅歌〉卻沒有神靈的影子，是人與人之間的純潔愛情。

　　聞一多說：「……這裡我們可以覺察，地域愈南，歌辭的氣息愈靈活，愈放肆，愈頑艷，直到那極南端的（文學產物）湘君、湘夫人，例如後者的『捐余玦兮江中，遺余褋兮醴浦』二句，那很褻的含義幾乎令人不堪卒讀了。……」（《全集》頁二七六）

　　這將〈九歌〉裡當男女一起跳舞祀神、懸擬人神戀愛的情狀，開啟了另一番想像的扉頁。

　　〈雅歌〉雖然有極放肆、極頑艷的寫法，卻是人與人之間的事情，沒有神靈的影子。猶太教和基督教的神學家，都把《雅歌》中的男女之愛，以況喻上帝和以色列人之愛，或基督和教會之愛。但那是以人與人之間的

肉慾之愛以況喻神與人之間的神聖之愛，和〈九歌〉懸擬神與人戀愛而由人與人加以表演的不同。〈九歌〉中的淫祀，和希臘神話的故事，如邱比特和埃及美女哀荷相戀的故事，較相似，和〈雅歌〉所說的大異其趣。所以〈雅歌〉不可能是祀神曲。

〈雅歌〉是寓言詩嗎？

把〈雅歌〉看做寓言詩，是很早的事了。猶太教和基督教都非常喜歡把〈雅歌〉寓言化。在《他勒目》（公元一五〇年至五百年間的一部律法書，意譯作學習）裡便發現有這樣的解釋，至於他爾根（自從尼希米時代起，猶太人要認識《聖經》，都要靠專家宣讀並解釋，因他們已忘記自己的民族語言了。這類的解釋後來編纂成為典籍）裡面，指新郎是耶和華，新婦是猶太民族。〈雅歌〉全書是寓言方式描繪出猶太民族自從出埃及、彌賽亞來臨，直到第三聖殿（Third Temple 也叫做 Herod's Temple，希律殿，建於公元前 20 年，完成於公元六十四年，毀於公元七〇年）時代，這段時間和上帝的關係的經歷。

另一種寓言性的解釋是富神祕性的。主要人物是所羅門（Immanuel Iben Solomon），他說：《雅歌》是一部富有人生智慧的書。

今日猶太學人雖不再見有這樣的風氣，但這樣的解釋，卻成為正統派的解釋。

到了基督教的神學家手中，就更加光怪陸離了。〈雅歌〉最初被認為所羅門和埃及公主締結良緣的婚歌，基此，遂造成較深的寓言意味。那新郎被解釋作基督，新婦被解釋作教會，及每一信徒。解釋新婦作教會的有耶羅米（Jerome）、奧古斯丁（Augustine）、提奧勞累特（Theodoret）、衛斯理・約翰（John Wesley），和為英譯欽定本寫每章提要的作者。解釋新婦作信徒個人有：貴鈞利（Gregory of Nyssa）、伯那地（Bernard of Clairvaux）和史都華（Moses Stuart）等。

羅馬天主教則把新婦解釋為童貞女馬利亞。

根據布萊德曼（Thomas Brightman）的舉例，〈雅歌〉中第一章 1 節

至四章6節，是在敘說律法時代的會幕與聖殿，從大衛至耶穌的受死；第四章7節至八章14節則為敘述傳福音的教會，從主後廿四年至基督再來。依照馬丁路德（Martin Luther）的說法：新婦象徵國家，全本集子是所羅門向上帝歌頌的樂章，上帝使他的臣民效忠於祂（本段取材自 The Interpreter's Bible Volume，5:92，93）。

關於寓言詩，《聖經》中的先知文學可以說是最豐富的淵藪。茲舉〈何西亞〉（2：2-4）節為例，此段在和合譯本作：

> 「你們要與你們的母親大大爭辯，因為她不是我的妻子，我也不是她的丈夫；叫她除掉臉上的淫像，和胸間的淫態；免得我剝她的衣服，使她赤體與才生的時候一樣，使她如曠野，如乾旱之地，因渴而死。我也不憐憫她的兒女，因為他們是從淫亂而生的。」

以騷體翻譯如下：

> 「與爾母抗辯兮，蓋彼非余之妻，
> 余豈彼之夫兮：彼淫蕩而沈迷，
> 幸除其面上之尤態兮；
> 去彼胸脯之妖姿，恐余剝脫其衣裳兮，
> 使赤體如初生之時，令乾渴以自斃兮，如荒漠旱地之可悲，
> 余不恤其所產兮，從邪慾而生諸小兒。」

又〈以西結〉卅七章以平原上枯骨的復甦而喻以色列的復興，都是有名的寓言詩。

中國的寓言詩也非常發達，如《論語·微子》的〈接輿歌〉：

> 「鳳兮，鳳兮，何德之衰，往者不可諫，來者猶可追，已而，已而，今之從政者殆而。」

這首詩，充滿了道家憤世嫉俗的思想，譏笑儒家，以鳳兮喻聖人。又如〈孺子歌〉：

「滄浪之水清兮，可以濯我纓；滄浪之水清兮，可以濯我足」《孟子‧離婁》

《詩經》中比、興的詩更多是寓言式的。《楚辭》尤其是著名於善用寓言，如《九章》的〈涉江〉：

> 「余幼好此奇服兮，年既老而不衰
> 帶長鋏之陸離兮，冠切雲之崔嵬
> 被明月兮佩寶璐，世溷濁而莫余知兮
> 吾方高馳而不顧，駕青虬兮驂白螭
> 吾與重華遊兮瑤之圃，登崑崙兮食玉英
> 與天地兮比壽，與日月兮齊光………………」
> 亂曰：
> 鸞鳥鳳凰，日以遠兮
> 燕雀烏鵲，巢堂壇兮
> 露申辛夷，死林薄兮
> 腥臊並御，芳不得薄兮
> 陰陽易位，時不當兮
> 懷信侘傺，忽乎吾將行兮」

幾乎全用寓言的方式出之。

〈雅歌〉和〈何西阿〉或〈以西結〉等先知的寓言詩性質不同，和〈接輿歌〉、〈涉江〉等也不同類，和〈滄浪歌〉就有點近似。

〈滄浪歌〉在《楚辭》的〈漁父辭〉中也用到。那漁父唱這首歌的寓意很顯然：滄浪之水清的時候，可以洗我的帽纓，是說太平的日子，天下有道，我們可以出來任事；滄浪之水濁的時候，可以洗我的腳，就是說，天下無道，我們可以潔身以去，不與世事。

但在孔子的立場看，我們立身處世，要像滄浪水清之時，可以使人洗濯帽纓，不要像滄浪水濁之時，讓人家在那裡洗足。

做這首童謠的，原沒有什麼寓意，但聽這曲的是孔子，用「小子聽之，清斯濯纓，濁斯濯足矣，自取之也」一言加上去，就變成寓言詩了。

〈雅歌〉也是這樣的，本來是男女純潔的戀歌，經過後人用以比喻宗教上的奧義，便變成寓言詩了。

請看《詩經》鄭風中的〈風雨〉：

> 「風雨淒淒，雞鳴喈喈，
> 　既見君子，云胡不夷，
> 　風雨瀟瀟，雞鳴膠膠，
> 　既見君子，云胡不瘳，
> 　風雨如晦，雞鳴不已，
> 　既見君子，云胡不喜。」

這十足是一首戀歌，描寫一位女子在風雨交加，白晝如黑夜的時候，突然遇見她心所愛的，大喜過望的心情。但後人把這詩寓言化了，阮籍說：「君子在何許，曠世未合並」！陶潛的〈靄靄停雲〉：

> 「靄靄停雲，茫茫時雨，
> 　八表同昏，平陸伊阻，
> 　靜寄東軒，春醪獨撫，
> 　良朋悠邈，修袖延佇。」

就是竊取斯意。

顧炎武說：明清之際就是「風雨如晦，雞鳴不已」的時代。「風雨」這詩本沒有此意，後人把它寓言化了。〈雅歌〉亦然。

是戲劇嗎？

認為〈雅歌〉是劇本的始於希臘文譯經時代，在希臘文譯本圈內找到這說法的來歷。最初主是說的是兩部希臘文譯本：西乃山抄本（Codex Cinaiticus）和亞力山大抄本（Codex Alexandrinus），是四世紀和五世紀的

產物，裡面附加了許多眉批。

衣索比亞（Ethiopic）譯本是根據希臘文譯本的，更進一步把〈雅歌〉分為五段，成為五個劇本。當然了，不必等到馬丁路德的改革教會，〈雅歌〉是劇本的理論就有了很完全的發展。裡面有兩個主角說：男的是所羅門，有時飾作牧羊人；女的是書念女郎亞比煞。〈雅歌〉就是這兩人互相愛慕的戀歌。許多學者曾懸擬這劇本的佈景和扮演的方法，最普遍的是狄里茲（Franz Delitzsch，，1875），他把〈雅歌〉分為六幕劇，每幕各有兩場。

兩主角的解釋自始就非常有力，但它改作為戲劇，在術語上是矛盾的。這歌集如果是戲劇，何以內容上沒有戲劇性的發展？裡面也不只是兩個人的事。如果只有兩個主角，它就缺乏倫理上的目的。

為補足這樣理論的不足，又產生了三角戀的戲劇說。

伊斯拉（Iben Izra）顯然是第一個創三角戀戲劇說的人。主角是王和兩個情人（鄉村女郎和牧羊人）。這說沒有到耶可比（J.F. Ecobi，1771）時代便非常廣被了。後來有個作者把新生命注入戲劇說中，這人就是依瓦奧特（Hinrich Ewald，1826），他把〈雅歌〉分為五幕劇，每幕一場或一場以上。劇情是說所羅門王逗引一美麗的書念女郎，想要贏得她的芳心和愛情，她卻始終不變地愛她那個牧羊的情郎。那麼，這詩歌所說的便不是夫婦之愛，像兩主角說所持的，而是一種純真的愛了。這樣的理論把所羅門安放在不光榮的地位上，不會是正確的，因為猶太的拉比定不肯把這樣的書編入《聖經》中。瓦特曼（Leroy Waterman）引一個猶太經典的編者的說法：這集子是一個北方的作者侮蔑所羅門王的作品。但何以猶太人要收這不甚重要的經書在《聖經》裡呢？戲劇在猶太正統派眼中是不合適的，益使這理論無法建立。如果作者有意寫詩劇，他要用方言，而不用雅言，對於扮演者的身分、臺灣詞的配置、時間的連續、場地和情節的交換，都要非常的顯豁，而不是那麼隱晦了（取材自 *The Interpreter's Bible* Volume 5，p.93）。

聞一多氏〈九歌古歌舞劇懸解〉一文，把〈九歌〉這十首歌舞劇本，用近代的文學手腕加以調整。茲錄〈湘君〉如下：讀者在這裡就很難看出

它和〈雅歌〉有什麼不同：

人物：湘君　湘公子　車夫　男侍數人　女子甲　女子乙　船娘　女
　　　　侍數人。

場景：江心一個小島，島上蘭茞叢中藏著一座小得幾乎像玩具樣的廟
　　　　子。是一個深秋的黃昏，落葉在西風中旋舞。

　　樹葉不時閃著「神光」。剛從島後石灘間迂迴地來到島上的車
子，走到廟前停下了。車上的人，除了湘君，都上廟前來。湘君佇立
在車上，吹著鳳簫，簫停了，遠處一個女高音開始唱道：

　　　　君不行兮夷猶，蹇誰留兮中洲！

　　（一隻船滿載著婦女，從右側出現，向著島這邊划來了）
女甲：

　　　　美要眇兮宜修，沛吾乘兮桂舟。
　　　　令沅湘兮無波，使江水兮安流，
　　　　望夫君兮未來，吹參差兮誰思！

　　（湘君看見船來了，急忙跳下船來，跑到水邊）
湘君：

　　　　駕飛龍兮北征，邅吾道兮洞庭，
　　　　薜荔柏兮蕙綢，蓀橈兮蘭旌。
　　　　望涔陽兮極浦，橫大江兮揚靈（閃著神光）。
　　　　揚靈兮未極，女嬋媛兮為余太息。

　　（船慢慢靠近岸旁停下了）
女甲：

　　　　（掩面悲泣）橫流涕兮潺湲，隱思君兮陫惻。

湘君：

> 桂櫂兮蘭枻，斲冰兮積雪。
> 桂櫂兮蘭枻，斲冰兮積雪！
> 采薜荔兮水中，搴芙蓉兮木末（有些氣憤）。
> 心不同兮媒勞，恩不甚兮輕絕！

女甲：

> 石瀨兮淺淺，飛龍兮翩翩。
> 石瀨兮淺淺，飛龍兮翩翩。
> 交不忠兮怨長，期不信兮告余以不閒！

（湘君以謝罪的姿式，走上前，把女子甲扶下船來。二人攜手向花草叢中走去了。）

湘君：

> 朝騁騖兮江皋，夕弭節兮北渚。
> 鳥次兮屋上，水周兮堂下。
> 捐余袂兮水中，遺余佩兮醴浦，
> 采芳洲兮杜若，將以遺兮下女，
> 時不可兮再得，聊逍遙兮容與。

湘君，女甲：

> 鳥次兮屋上，水周兮堂下。
> 時不可兮再得，聊逍遙兮容與！

（燈光熄，幕下；隨即升起，燈光又明。）

　　如果把〈雅歌〉加以調整（arrangement），也不難得到這樣的形式。但所不同的是〈九歌〉本質上是楚國人淫祀（《漢書。地理志》說：「楚人信巫鬼而重淫祀」）的歌劇，而〈雅歌〉是純粹的歌。《國語 · 楚語》：

「古者神民不雜，民之精爽不攜貳者，而又能齊肅中正。……如是，

神明降之，在男曰覡，在女曰巫。」

《說文》：

「巫，祝也；女能事無形以舞降神者也。象兩人褒舞形。覡，能
齊肅事神明者。」

《商書・伊尹訓》：「恆舞于宮，酣歌于室，時謂之『巫風』。陳
太姬好巫，而民淫祀，詩稱『擊鼓於宛邱之上，婆娑於枌樹之下』。」

這樣，聞一多把〈九歌〉改裝（arrangement）為現代的歌舞劇是有根
據的。〈雅歌〉除第六章第 15 節提到跳舞之外，再也沒有看跳舞的事。
〈雅歌〉非祀神曲，前段已詳論之。兩主角，三主角戀愛的戲劇說沒有
根據，又難自圓其說：所以裡面雖有許多戲劇性的對白，卻只能認為具有
《詩經》十五國風那山歌和褒歌的本色，和〈九歌〉情節離奇，神祕浪漫
的歌劇形式不同科。

〈雅歌〉是是情歌彙編嗎？

如果不存成見的話，用純粹客觀的態度去審察，不難看出〈雅歌〉是
一集情歌的彙編。十五世紀的中高德語（Middle High German）譯本就透
露這樣的看法；它把〈雅歌〉分為五十四首詩。許多現代的學者一脈相承
地接受這論旨，只是區分的方法不同。

一八九三年惠荍底因（J.G. Wetzstein）（波斯駐大馬士革的領事），曾
往前大邁進了一步，叫我們要注意敘利亞農民婚禮的習俗，在婚筵上那
一對璧人要坐於「寶座」上，即所謂「王」和「后」了；同時客人唱歌褒
美新婦和新郎。在某種情形之下新娘實行「劍舞」。〈雅歌〉有許多段落被
學者認為是這類的婚歌（請參一九九二年坎城影展佳片：《中東二十四小
時》）。

在結婚時褒美新娘是第二聖殿時代猶太人的習俗，這種技藝是屬乎
Hokmah 的，一部分是《他勒目》（Talmudic）（猶太宗教法典）的傳統習

俗。同樣的方法實行於歐洲，由詼諧的丑角或唱歌者扮演於婚禮中，直到今天。

另一方面，許多抒情詩在雅歌裡和婚禮或夫婦之愛渺不相涉，正確的結論乃〈雅歌〉和〈詩篇〉一樣是集子，充滿了情感的音調，包括愛情的渴慕和滿足、撒嬌與戀念、分離與重圓、求愛和成親。

分首的標準是基於主題、觀點、背景的轉移、形式的變易。但這軌範很難完全靠得住而受人家所公認；許多要靠文學的經驗和識力，如依賴智識，或註釋之類。註釋是把原文的真實性重行陳述的一種藝術，是建基在科學智識上的。

《聖經》學者將經文的意思與哲理還原，是為「原文解經」（Exposition）；若將原文再另外賦予新的哲理，仿如「郢書燕說」，便是「靈意解經」（Impositon）。前者純為客觀的分析，後者則滲入主觀的體會，兩者融合則成為《聖經》註釋（Commentary）。

生活繼續不斷在發展，人類歷史也在發展，連讀者的領受和啟發也在發展，這就是為什麼時至今日，陸續有《聖經》新譯本，及更新的《聖經》註釋紛紛問世；有關本書各種解釋方法，詳見後述。

對本書的解釋，自古以來就有許多不同的意見，無論採取那一種解釋，都會找到一些贊成的人和反對的人，世事也大抵如此。正像對〈啟示錄〉的解釋不下一種，本書歷來至少有六種不同的見解：

(1) 寓意法——主張〈雅歌〉所描寫的，並非純然的歷史事實，而是以寓意來表明上帝的無限大愛。使用此法的人堅持本書的統一性，作者當仁不讓是所羅門，然後巨細靡遺銓釋每一節經文的寓意，幾乎字字都有來歷，有時難免如天馬行空，無法駕馭。

(2) 自然法——照本宣科，以字句解釋為主，仍然以所羅門為作者，記述他與埃及公主的熱戀，以至大登殿、大團圓。不過這解釋為公元五五三年的君士坦丁大公會議否決而胎死腹中。

(3) 預表法——這是歷代《聖經》神學使用的方法之一，一方面是歷史的事實，另兩方面展現這歷史事實所暗示或預表的意義。這是包含前述

兩項解釋的綜合，其歷史事實暗合自然法，其寓意則以男女間的熱戀與婚姻預表上帝和以色列人，或基督與教會的親密關係。

(4) 歌劇法——這是純文學的筆觸，類似我國章回小說：「私定終身後花園」，然後王者橫刀奪愛，強納入宮，該女勉強委身，但卻不因榮華富貴而改變其愛心初衷。

(5) 歷史背景法——這是以〈王上〉（1：1-4）和（2：13-15）的歷史背景來作骨架。書中女主人書拉密女曾以「更衣入侍」，卻沒有得到老王雨露之恩。王儲所羅門垂涎她的美色，故而殺了另一位政敵兼情敵亞多尼雅王子。可是書拉密女「曾經滄海難為水」，對於鄉間的牧童情人，始終不能忘情，正如歌劇法的結局一樣。

(6) 生活背景法——這是以整個古代中東文化背景來看本書，其中也包括古代以色列人的婚姻禮俗。婚禮宴會通常持續一週之久，號稱「王者之週」，這時新郎官儼然被奉為「九五之尊」，連他的新娘、隨從都沾了光。在這種背景下，（3：6-11）是立王座接新人時的讚歌；（4：1-7是新郎向新婦所唱的歌；（5：10-16）是新婦對新郎的回應歌；（7：1-6是親友對新婦的描繪形容。其他的二十首頌讚或情歌一併收編在內。所羅門王在此一枝獨秀，書拉密女則是他夢寐以求的窈窕淑女。

總的來說，這六種解釋各有所長，即使是已被否決的「情詩集粹說」（自然法），近年來也有死灰復燃之勢，而且甚囂塵上；但我們認為聖靈保存其在正典之內未被湮滅，自有其深意在，足證教會祝福人類婚姻和性愛。飲食男女在上帝選民中亦占一席要地。不過，傳統的寓意法絕非空穴來風，只有了然世間情是何物，才能進一步了解上帝與人類之間的愛情。

以教會史上的靈意解經大師俄利根（Origenes Adamantius, 185-254）來說，他認為雅歌除了表顯基督與教會的關係之外，還有新郎的朋友和新娘的朋友。新郎的朋友是天使、先知、或《舊約》的族長；而新娘的朋友則是信徒的靈魂。根據俄利根的見解，新娘是教會，但有時也指個別信徒。俄利根的信仰是以禁慾和苦行來實踐的，史稱他因讀到《馬太福音》十九：12 耶穌的話說：「有為天國的緣故自閹的」，因其強烈的宗教熱情，又因一向採用逐字解經法（literal）的結論遂加以自閹，等到醒悟過來，

已經噬臍莫及了。可是當他論到〈雅歌〉時已經學乖了，他痛定思痛，成為一個最執著的靈意解經家，一面把新郎新娘看成基督和教會，一面卻又把它當作禁書，以免年青人血氣方剛，讀了容易走火入魔，想入非非。他說定力不強的人最好不讀，連內容也最好不談。靈意解經見仁見智，最容易引起歧見，歷代以來對〈啟示錄〉、〈但以理書〉等默示文學議論紛紛，莫衷一是，就是這個原因。不過，對〈雅歌〉的解釋卻產生了一個可愛的例外，連最反對靈意解經的加爾文也以寓意法來解釋〈雅歌〉。

　　天主教的人士自奧古斯丁以下採取寓意的歷史背景來描寫上帝對以色列百姓的愛；同時又借保羅說《舊約》選民歷史預表教會（〈林前〉10：1-11），主張基督對教會的愛。他們當中還有人把新娘解釋作馬利亞，馬丁路德卻把新郎看作是國家。衛斯理約翰則從一而終認為是基督和教會的婚慶，幾乎人類愛情的逐一描述都可以轉化為基督和教會的關係。末了，想到〈路加福音〉的浪子故事，據法國小說家莫泊桑說是世界上最佳的短篇小說，但眾所周知，耶穌提到此故事絕非為了文學的教材，而是靈性的需要；同樣地，〈雅歌〉雖是如假包換的情歌彙編，聖靈把它收在正典裡，正是要發揮其弦外之音，言外之意，而達到神言啟示的目的（〈提後〉3：16-17）。基此，本註釋的作者擬盡綿薄，朝此方向而努力。

〈雅歌〉與智慧文學

　　〈雅歌〉在《聖經》中是列入第三部門，一邊貼近〈詩篇〉，〈耶利米哀歌〉；另一邊又與〈箴言〉、〈傳道書〉、〈約伯記〉等同科。這一門在《聖經》裡是很重要的部分，是智慧的淵府（repository of hokmah or wisdom）。智慧不僅是文學的一支，而且包括文化上一切的技能與藝術。舉凡建築、冶金、航海、縫製、魔術及治國的才能，均可解釋作 hakamim "wise"。據希伯來拉比的說法，hakamah 也用作「助產婆」。

　　希伯來古代生活資料被摧毀之後，hokmah 原來的意義也就被忘卻而泯滅，它較具有神學的意味指出形而上與倫理上的真理，穿上文學的外衣，乃是後來發展的結果。它在字義學上的生長，由具體漸趨於抽象。

確認希臘文中的 sophia，其含義也是一樣地繁複。這情形在語言上是非常普遍的。sophia 使用於 Hephaestus，是火和藝術之神，使用於 Athena 和 Daedalus，是工匠和藝術家，使用於 Telchines 這原始民族中，有三種意思：一、耕種土地者和諸神之服役者。二、術士、嫉妒之鬼，他有權力呼雨雪和雹，以毀壞動物和植物。三從事於鍊冶銅和鐵的技工。普通 Sophia 被用於類似木工、駕車、醫藥和手術的技巧，又使用於卓越的歌唱、音樂和詩篇。這希臘字的本義是手工與藝術上的技巧和聰明，引伸為日常生活上的技能，正確的判斷，政治上的智慧與設施。終成為學問、智慧、和哲學。形容詞的 Sophos 產生同樣的意義，使用於雕刻工人、築籬和掘溝的人，但最主要是形容詩人、音樂家。名詞 Sophistes 是指雕刻或藝術的專家，由現存的典籍看出它是應用於占卜者、烹調者、政治家，而也使用於詩人和音樂家。從柏拉圖以還，通用的意義是職業的、藝術的教師。

Hokmah 最常被用於代表詩與歌的藝術，包括用口唱出、用樂器彈出，或編製詩歌與樂章，這些且常由一個人包辦，需要極高度的技能。〈耶利米〉九章 17 節記載那些在喪禮中善唱哀歌的婦女叫做 Hakamoth。

歌和智慧是這麼相近，甚至兩個名詞可以互換。〈王上〉4：29-34 記著：「上帝賜給所羅門極大的智慧聰明……他的智慧……勝過以斯拉人以探，並瑪曷的兒子希幔，……他作〈箴言〉三千句、詩歌一千零五首……天下列王聽見所羅門的智慧，就都差人來聽他的智慧話」。

以探、希幔被描繪為聰明智慧者的代表，而他們是第一聖殿時代的音樂大宗師、唱歌的能手。〈歷代志上〉十五章十九節：「派歌唱的希幔、亞薩、以探，敲鑼鈸大發響聲」是其明證。再者，上面的記載把箴言和詩歌對舉，可見二者關係的密切了。

先知巴蘭之歌叫 Mashal 其原義為比喻，或者那詩中充滿了比喻（〈民數記〉廿三章 24 節）。但其本質上該是歌的同義語。〈民數記〉21：27-30 那首戰爭的史詩叫 Moshelim，hidah 這詞（猜謎、神祕的說法），和 Mashal 在一起，是配弦琴的歌（〈詩篇〉49：4）。新近由 Ugaritie 的資料證實《聖經》的傳統，除掉年代的錯誤，指明這種歌唱的組織極其古老。事實上，他們產生在迦南人的時代。

智慧的文學開始是具有世俗化的調子，漸漸著上宗教的色彩。從埃及東方的智慧（Oriental wisdom）的年表清楚地看出來，它的宗教色彩是後來才顯現的。以色列人也是如此，腓法（Pfeiffer）正確地說「我們確信那（智慧的）世俗化是發達於敬神之前」。最早的希伯來箴言或智慧的片斷，被錄在史乘上的，全是世俗化的。

和智慧文學同樣地發展，或可假定是智慧的旁支，叫做 Shir，它包括詩歌與音樂。歌使用於宗教儀式中，成為重要的部分，但絕不限於獻祭、節期等宗教活動範圍。事實上是和生活一樣地擴張，好比戰爭與勝利、開一口井、收穫葡萄及穀物、宴飲娛賓、死亡的哀榮與悲悼等。

無疑地，許多詩歌具有民族的意義，戰爭勝利，而著上宗教色彩，如〈海之歌〉（〈出〉15）、〈底波拉之歌〉（〈士〉5）。但〈民〉21：17，〈撒下〉1：18 等等都是純粹世俗化的詩歌，裡面充滿愛情和獻媚，它更能引起人類的詩意和音樂感。在這範圍內，性慾和肉體成為很重要的部分，傳統的宗教因素似乎是極難立足其間的。埃及古代戀歌和亞圭丹（Akkadian）的文學留到今天的，和當代阿拉伯農民與市民生活一樣，加強這個論點，且成為了解《聖經》中詩歌之鑰。[1]

分章舉隅

〈雅歌〉第一章 9-17 節常被註釋家認為是一首詩。可是在第九節裡講到法老車前的駿馬，好像是以南部巴勒斯坦為背景。在 14 節中又提到隱基底的葡萄園，這地方是死海的西岸，明明是猶大的南部。而底下十七節敘述愛人們幽會於樹林中，「以香柏為房屋的棟樑」，可是巴勒斯坦的南部沒有出產香柏木。所以在這種情形下這幾節應該分為兩首詩：第九至十四；十五至十七。

前一首是敘述那靜女佩戴著豪華的首飾（9-11 節），那個吉士稱為「王」（12 節），當然是新郎。他或者是在婚期中的宴會向他的新娘說話「你的兩腮……你的頸項……我們要……」，因為她是在他的朋友們面前

1　本段取材於 Gordis：*The Song of Songs*，PP.13-16；另參閱楊東川著：《箴言註釋》，頁 22-23。

表演的，所以用多數的「我們」。12 節和 13 節分明在襯托出性愛：「一囊沒藥正像心愛的，在我胸脯間棲息」。下一首詩卻很簡單地描繪著愛人們在戶外幽會的情形，就不止是新郎和新婦的事了。

雅歌的分類與題旨

（一）渴慕的詩歌

愛的宣召（一：2-4 節）

田舍女郎（一：5-6 節）

情郎在那裡（一：7-8 節）

大膽的宣佈（二：4-7 節）

若你做我的兄弟（八：1-4 節）

讓我聽到你的聲音（八：13-14 節）

（二）實現的詩歌

愛情的欄柵（對白）（四：12 至五：1 節）

多麼可喜的愛情（七：7-10 節）

靜女的諾言（七：11-14 節）

蘋果樹下之戀（對白）（八：5 節）

投降（二：16-17 節）

（三）褒美靜女的詩歌

動人的裝飾（一：9-14 節）

全美的愛人（四：1-7 節）

令人消魂的愛情（四：9-11 節）

美的魔力（六：4-7 節）

獨一無二（六：8-9 節）

（四）互相褒美的對話詩歌

香柏作牆垣（一：15-17 節）

愛心的比喻（二：1-3 節）

愛人的歡迎（二：14-15 節）

（五）大自然懷抱中的戀情

歌唱的季節已來臨（二：8-13 節）

山岳的呼喚（四：8 節）

愛情的曙光（六：10-12 節）

（六）美夢的詩歌

失愛者之夢（三：1-5 節）

愛情的苦樂（五：2 節至六：3 節）

（七）愛情的偉大

愛的烙印（八：6-7 節）

最美的葡萄園（八：11-12 節）

（八）求愛與成親的詩歌

所羅門結婚進行曲（三：6-11 節）

女郎的舞姿（七：1-6 節）

愛情的堅壘（八：8-10 節）

（九）愛情的滋味

愛情的苦樂（五：2 節至六：3 節）[2]

---

2 「愛情的苦樂」一首是集中最長的詩歌，是作者刻意經營而成者；可分為三部分：A、夢境（5：2），賣俏撒嬌（5：3），渴慕（5：4）；B、褒美良人的歌詞（5：10-16 節）；C、愛情的禮讚（6：2-3 節）。

〈雅歌〉的幾個特徵

1.「我指著羚羊，或田野的母鹿，囑咐你們」（2：7；3：5），此中的羚羊和母鹿是象徵性的寫法，隱喻著靈雅而可愛的女人。伊貝寧（Ebeling）氏提醒我們注意到巴比倫的魔術儀式中，綁一隻羚羊在床頭，一隻公山羊在腳上。目的是：「我的丈夫會像公山羊這樣地愛我」。但這和一神論的希伯來人的習性不類。

希臘人常指動植物發誓：「指著狗」、「指著鵝」、「指著樹」。希臘哲學家禁止這樣的作風，顯示他們不曾故意指動物而發誓，像指神祇一般，但用動物作神祇的代用品。這不單是辯解而已，且反映他們對一種不會實現的誓言的影響力存著畏懼的心理。

在拉比的誓詞彙編中，常避諱不敢提上帝的聖名。希伯來人認為最嚴重的名字就是上帝，如 "by the Lord of Hosts" 或 "by the Almighty"（萬軍之耶和華，或全能者）。關於這點，是〈出埃及記〉廿章 7 節十誡年明文規定要敬畏這聖名，不得隨便稱呼；〈以斯帖記〉和〈傳道書〉已反映出這傾向，編纂詩篇，及拉比文學中也很明顯地有如此的忌諱。肉慾方面的愛，自然更加不敢觸犯上帝的聖名，要避免指他起誓了。

2. 埃及人和米索不達米亞人很喜歡打獵。埃及的黃金時代（the Golden Age）曾有這樣的抒情詩：

> 「那是多麼好，
> 　若你跟著我，
> 　當我張了羅。」

張羅是要捕雀的，而他的意思是要設圈套叫愛人投入他的掌握中。《聖經》裡有寧錄、以掃是打獵的能手，而以色列民族卻沒有打獵的生活，所以〈雅歌〉沒有這資料。

3. 擬人的文學手法在埃及很是普遍，如〈園中之樹〉（The tree in the garden）有「樹說」（The tree speaketh）的寫法，〈雅歌〉也沒有。

4. 喝酒的生活在以色列是很普通的。〈雅歌〉中常提到酒。

5. 學者曾提以「妹子」喻所愛的女郎，是受埃及的影響。其實這是枝節而牽強的說法。

6. 杜爾辛萊（Tur-Sinai）叫我們要注意 8：9：

> 「如果他是一座城，
>
> 　我要造銀粱麗去衝撞；
>
> 　如果他是一重門，
>
> 　我們要拿香柏盾去圍攻。」

亞述人防兒童哭鬧的咒語中有：

> 「如他是一隻狗，
>
> 　擲一口吃的給牠！
>
> 　如他是一隻鳥，
>
> 　用土塊拋牠！
>
> 　如他是一個淘氣的孩子，
>
> 　要用 Anu 和 Antu 的誓語對付他！」

這兩種的句法相似，但不能說〈雅歌〉是抄襲亞述人咒語的腔調。比方 5：9-16 節：

> 「你所愛的有甚麼過人的地方，
>
> 　啊！你這最美麗的女郎？
>
> 　……………
>
> 　我的愛人英俊又殷紅
>
> 　萬人比不上他的高風。」

此處五古譯文是：

> 「若比他吉士，所愛究何殊……
>
> 　所愛勝萬人，面白雙頰朱……

其首若精金，髮鬈密氈氈

色澤玄以黑，玄黑似慈烏

眼如溪邊鴿，閒對靈源立

配置真適宜，沐浴以乳汁

醰猶香花畦，其氣郁且烈

唇乃百合花，沒藥液外泄

手臂黃金管，嵌玉白勝雪

象牙雕作身，鑲石藍而潔

脛寄精金座，宛然石膏柱

貌肖利巴嫩，秀於香柏樹

口吻甜且美，全然可愛慕

郇城諸女子，敢煩為關注

斯乃儂良人，相知已有素」

和樂府清商曲中大曲的〈陌上桑〉那好女秦羅敷褒美其夫婿，如出一轍：

「……何用識夫婿，白馬從驪駒……

青絲繫馬尾，黃金絡馬頭

腰間鹿盧劍，可值千萬餘

十五府小吏，二十朝大夫

三十侍中郎，四十專城居

為人潔白晳，鬑鬑頗有鬚

盈盈公府步，冉冉府中趨

坐中千餘人，皆言夫婿殊」

到底是誰效法誰呢？人類的智慧發展到某一階段會產生這樣的褒歌，東方西方都是一樣的，殊不必硬說這一定是誰抄襲誰的。

7.〈雅歌〉是一部強調人類至性之愛的歌集。這是人性向另一極端去發展的高度表現。猶太民族崇奉上帝，一切以神旨為依皈，顯出他們有向

心力、有歸宿，但又不能抹煞人性。人性傾向肉慾，傾向屬物質的美感與快感。葛底斯說：〈雅歌〉找不到貞節與倫理，只有嫉妒與無信。話是有根據的，如 8：6-7 節：

> 「置余爾心頭，銘鏤作印誌
> 或在腕臂間，鐫刻成戳記
> 愛情強固死亡境
> 嫉恨凶殘陰府地
> 厥燄是雷鞭，無上熱且熾
> 眾水淹之不熄滅
> 洪流沖之益縱恣
> 傾家以求之，必為所厭棄」

但對上帝之愛和對肉慾之愛，在象徵性和寓言性的解釋中得到統一，因為這兩種愛都是人類至性之愛的表現，一個健全的人都得具備這兩面，缺一不可。拿〈雅歌〉以況喻神和人和教會之愛，雖然不是原來的要素，至少和顧炎武解釋〈風雨〉一詩的意味同樣深厚，令人盪氣迴腸呢！

註：第四各節的資料都是譯自葛底斯：*The Song of Songs* 導言的，但見解和他有許多出入，特別是關於寓言詩的看法。坊間已有的中文《聖經》註釋〈雅歌〉的背景資料亦大多出自葛氏的原始資料，於此特為說明。

雅歌註釋

雅歌全書含一一七節，是《聖經》中很短小獨特的一部，也是最為人樂道愛讀的一部詩歌集。書中沒有宗教上的專門術語，也沒有一處提到上帝的名字。希伯來原文用書前的標題為書名，意為「歌中之歌」，即賞心樂事，最最美麗的歌詞。

所羅門的歌，是歌中的雅歌

所羅門的歌，既可以解作所羅門所寫的歌，也可以當作是所羅門所蒐集或為他而寫，冠以他的大名而問世的歌。所羅門為「和平之君」，以色列在他的治理之下，風調雨順，國泰民安，「從但到別是巴的猶大人和以色列人，都在自己的葡萄樹下和無花果樹下，安然居住」（〈王上〉4：25）。但他的晚節不保，後宮有妃七百，嬪三百，驕奢淫逸，偶像充斥，種下了敗亡之機。耶穌說：「所羅門的榮華顯赫……也比不上野花一朵！」（〈太〉6：29），詳情請參本書導讀。

歌中的雅歌，原文用書前的標題 "Sir Hassirim" 為書名，意為「歌中之歌」，也就是最好聽又美妙的歌。"sir" 通常指口唱的樂歌，表達賞心樂事的情懷。

中文稱之為「雅歌」，可能與最早的詩歌文學《詩經》中有「風」、「雅」、「頌」有關。《詩經》中的二南及國風都是民謠，大抵看為日常生活用作娛樂的樂歌。「小雅」、「大雅」則大部分是用於朝廷，及士大夫之間種種禮讚。「頌」全是用於祭禮的詩歌。

「國風」大半是言情之作，已為世人公認。陸侃如在《詩史》裡引申此說，以為《詩經》的「風」就是「牝牡相誘」的意思。江南方言，男女野合，恐人撞見，倩人守衛，謂之「把風」，與情敵競爭，謂之「爭風」，亦可助證。故「風」的起源大約是男女贈答之歌。古代有許多頌神的歌辭其實就是戀歌。如此處的〈雅歌〉及《楚辭》的〈九歌〉都是著例。現在苗蠻民族仍有此習。據劉錫蕃《嶺表紀蠻》：

蠻人喜歌，殆出天性，即道巫經典，亦可以歌謠目之。甚至享祝祖考，祭祀神祇，馨香膜拜，肅穆敬畏之時，亦常涉及男女風流，情歌娓娓

之事。如獞巫（乩童）「慶愿」唸詞云⋯⋯「明月花前好相會，白雲洞口好成雙」。又「慶愿」時，請神至官家十八姊妹或某神祇，例須說淫詞，其語尤難入耳，然則蠻人之所謂神，亦不過色中餓鬼而（化為）歌壇之健將耳。然而，「雅」亦有正的意思，故此周當至盛有「風雅正經」，所謂：「國風好色而不淫，小雅怨誹而不亂，若〈離騷〉者則兼之矣」。在此戀歌的演進中算是更上一層，對於異性的愛慕不直接流露，而寄託於神祇，依心理學者說，這種寄託叫做「換位」（Replacement），即是使兩性關係改頭換面由真正對象調換到另一對象上去。此另一對象為真正對象的象徵。觀諸保羅致以弗所人的書信中，明明是討論夫婦之道，而狀以基督和教會的關係；突然峰迴路轉，宣稱「這是極大的奧秘，但我是指著基督和教會說的」（〈雅〉5：32）。可見，夫婦的關係乃是基督和教會的關係之象徵。職是，〈雅歌〉通篇的微言大義，由兩情相悅，琴瑟和鳴，轉換為耶和華和以色列的關係，或基督和教會的關係，至此已毋庸贅敘了。

雅歌

　　古希伯來文學稱最上的名詞層次有「骨中之骨，肉中之肉」（〈創〉2：23）；「萬主之主，萬王之王」（〈啟〉17：14）；「希伯來人所生的希伯人」（〈腓〉三5）；「在罪人中我是個罪魁」（〈提前〉1：15）。前伊拉克獨裁者海珊（Sadam Hussen）發動波斯灣戰爭稱之為「一切戰爭之母」（Mother of All Wars）。國人稱孔子為「至聖先師」，亦有「師中之師」（Teacher of the Teachers）的內涵。英國傳道人羅伯遜（F.W. Robertson）號稱「傳道人中的傳道人」皆屬此例。俗諺尚有「人中龍鳳」、「酒中酒」、「愛中愛」、「秘中秘」、「吃得『苦中苦』，方為『人上人』」等。所羅門的詩，有口皆碑，經阿咯巴拉比畫龍點睛之後，允為「歌中之歌」──歌中的雅歌，實在當之無愧。不過，《聖經》中尚有其他用法如：「虛空的虛空」（〈傳〉1：2）、「至聖所」（聖中之聖），亦屬相同的筆法。

　　歷來有許多神的僕人喜歡傳講〈雅歌〉的信息，司布真（C.H.Spurgeon）在他的講道集裡有五十九篇講論〈雅歌〉，愛恩賽（H.A. Ironside）躍事

增華，大事宣講〈雅歌〉。但最膾炙人口的，還屬司布真的前任牧師吉爾（John Gill）。吉氏任該教會駐堂牧師有 51 年之久，其好學不倦向為人所稱道，他曾經一連串地用 122 個主日（二年又四個月）講〈雅歌〉，如果今天有人如法炮製，其牧職當不久保，但司布真卻見證說，此書是無價之寶，對他大有幫助。喜愛〈雅歌〉的著名西方傳道人尚有戴德生（J. Hudson Taylor）、賓路易師母（Jessie Penn-Lewis）、榮耀秀（Pearl G. Young）姊妹等。近代較有名的註釋家則有史奈德（John G. Snaith：*The New Century Bible Commentary*）、卡洛德（G. Lloyd Carr：丁道爾《聖經註釋》）和王法（Dennis F. Kinglaw：*The Wesleyan Bible Commentary*）等人。國人之中則有倪柝聲（1903-1972）、丁立介（1877-1954）、史祈生（1920-1984）、周聯華等前輩著書立說，最近有香港曾立煌君藉以談論夫婦間的感情，當然亦包括筆者之拙作敬陪末座。

　　「歌中之歌」在歷史上揭示了被擄者得救蒙引導認識主的心史。只有藉著聖靈的教導，讀者才能明白字裡行間所蘊藏的奧祕。詩集裡有勞動歌、田園牧歌、葡萄園歌、花園歌，不一而足。基本上，這是一首「所羅門的歌」，他是屬天新郎為其新婦——每一信徒所作的歌，此曲只應天上有，人間難得幾回聞；除了那些「從地上買來的……沒有人能學這歌」（〈啟〉14：3），這是永世傳頌的歌。

第一首：初戀的滋味

　　前人有論希伯來詩的光榮處，比其詩律更重要的，是其自然和活潑而富生氣的風格，此說與南朝畫家謝赫（1479-502）在畫論上著名的「氣韻生動」四字頗有相契之處。觀諸〈雅歌〉其開門見山的敘事手法，深刻鋪陳，有如「駿馬秋風冀北」的直率狂飆，雖無「杏花春雨江南」的委婉含蓄，但這種「感官主義」的剛性美，卻是它的特點，不可不察。

一、玉液瓊漿　兩情繾綣

　　詩人對於自然的愛，其歌頌方式即是以一種「感官主義」來表現。

如：愛微風以其涼爽，愛花以其氣香色美，愛鳥聲泉水聲以其對於聽覺愉快，愛藍天白雲以其對於視覺舒暢；這是身心健康者所具有的共識，凡是詩人都不免具有幾分「感官主義」。此詩集歌頌初戀的滋味，如飲醇醪，濃烈芬芳，令人陶醉。而其中的「接吻、酒、膏油、香膏」皆為流體的一種隱喻，箇中滋味如醍醐灌頂，令人清涼舒適，俗慮全消。詩歌的首部描繪女子的傾慕之情，這種直言不隱的「大膽」作風，一再出現於2：4-5，2：10-13，和8：6；與埃及情歌的坦白相告，如出一轍。

> 願他用口與我親嘴；因你的愛情比酒更美。
> 你的膏油馨香；你的名如同倒出來的香膏，所以眾童女都愛你。
> 願你吸引我，我們就快跑跟隨你。
> 王帶我進了內室，我們必因你歡喜快樂。
> 我們要稱讚你的愛情，勝似稱讚美酒。
> 他們愛你是理所當然的。

（雅歌）1：2-4

親嘴 接吻之意。《聖經》中有彼此親嘴問候，即以頰碰頰，或吻手腳表示敬意。但此處是指情侶、夫妻間的接吻。（參〈箴〉24：26），原文為複數，有「飲酒」的雙關語。

愛情 《辭海》：「相愛的情緒，多指男女的相戀」。這是本書的主題。

酒 從古至今在宴會、喜樂的場所都占著相當重要角色，酒的香醇、濃烈，使人回味無窮。近人梁羽生有：「中年心事濃如酒」的佳句。酒又是歡樂的象徵，在猶太人的慶典中不可或缺。（參〈約〉2：1-12）。

膏油 一種以橄欖酒加上香料的油，塗在人的身上會散發芬芳，使人喜愛陶醉。（參〈太〉26：1-13）。倒香膏亦顯示財富，現代人可能不明白其義。

名 名字代表人，與「膏」字音近，增加詩的效果。只要聞到佳人的名字，就感到滿室生香。

童女 指未出嫁的女子。（參〈賽〉7：4；〈太〉1：23；〈路〉1：27；1：34）。

吸引　拉住。（參〈何〉11：4；〈耶〉31：3）指愛情產生相吸的力量。

王　　指所羅門，神明也稱王，男女相愛常互稱王與后。

內室　洞房或王住的宮內地方。

美酒[3]　愛情之美勝於酒。

理所當然　指發乎情，止乎禮，順理成章，天經地義之舉（參〈羅〉12：2）。

〈雅歌〉第一章第 2 至第 4 節。英文「修訂標準本」（RSV）將開始的主詞代名詞由「他」改為第二人稱單數「你」。如此，整段下來語氣方為一貫——「你」到底。不過，這種代名詞的變動在《舊約聖經》中並不陌生，謂之「互換」（enallage），（請參見〈申〉33：15；〈耶〉33：24；〈彌〉7：19；〈詩〉23：1-5）。這裡顯示當事人的關係深進一步，由第三者進入「我——你關係」的對方，上述「修訂本」的譯者實在多此一舉。

第一位開口的是初墜愛河的少女，她情竇初開，意亂情迷，化為「少女的祈禱」，如癡如醉，疑真似幻。不僅她一人神魂顛倒，其他的女伴也同被吸引，加入讚美的行列。

戀愛的滋味是甜美，心中充塞著滿足的感覺，腦海裡面盡都是對方的倩影，像酒一樣濃烈。使人嚮往，使人陶醉。兩人相吸相引，纏綿緋惻，心心相印，心靈相契。

用口親嘴，是愛中親暱的表現，主耶穌愛屬祂的人也是十分親暱的，那種甘甜的愛，勝過往昔靈命的快樂，世俗之樂更是不足道也，這愛慕主的女子一開口說：「願……」就嚐到「主愛」的滋味了。

主耶穌在十字架上所付出的愛，如同玉瓶打破，流出香膏，何等寶貴、芬芳，眾信徒因主基督的名，心被恩感，單單來愛祂與祂密契。當有更深的渴望時，必然得享更多的主愛；一面享愛，一面見證，眾信徒因此就更受激勵，更進深的追求，跟隨主。

因竭力的追求，就必得著，主帶這愛慕的女子進入「內室」，從此以

3　參一章二節註釋。

後，我屬良人，良人屬我，委以終身，飽享愛情，所信所盼均在主裡生根立基，凡與主基督有「內室」交通的聖徒，必心被恩感的說：「主啊，我們要稱讚你的愛情，勝過一切屬世的禮讚」。身上因蒙福女子的見證受感而追求的人，也有同樣的經歷，故眾信徒們愛主是理所當然的。

讓我們學詩人說：「神阿，祢是我的神，我要切切的尋求祢！我渴想祢，我的心切慕祢。因祢的慈愛比生命更好，我的嘴唇要頌讚祢。在床上記念你，在夜更的時候思想祢，我的心就像飽足了骨髓肥油。我也要以歡樂的嘴唇讚美祢。我心緊緊地跟隨你；你的右手扶持我。」（〈詩〉63：1-8）

二、秀外慧中　為人作嫁

> 「耶路撒冷的眾女子啊，我雖然黑，卻是秀美，
> 　如同基達的帳棚，好像所羅門的幔子。
> 　不要因日頭把我曬黑了，就輕看我。
> 　我同母的弟兄向我發怒，他們使我看守葡萄園；
> 　我自己的葡萄園卻沒有看守。
> 　我心所愛的啊，求你告訴我，你在何處牧羊？
> 　晌午在何處使羊歇臥？
> 　我何必在你同伴的羊群旁邊，好像蒙著臉的人呢？」
>
> （〈雅歌〉1：5-7）

這一段是女子在尋找她的愛人，她有些哀怨，為了家人的緣故，無法好好為自己作打算，也因為操作的勞苦而被太陽曬得皮膚粗黑，不像在溫室裡的女孩，成天想法子如何使自己更美更動人。本段充分的描述了女子的家庭狀況、生活背景，是童話故事「灰姑娘」（Cinderella）的翻版。

耶路撒冷　猶太人的聖城，所羅門在位時，建造耶路撒冷（Jerusalem）
　　　　　城，莊嚴華麗，並圍上牆垣。
眾女子　中文譯成女兒或女人，或稱某國某地的婦女，（參〈路〉
　　　　23：28）。這裡耶路撒冷的眾女子代表這些養尊處優的都市女

性（參 2：7；3：5；3：10；5：8；5：16；8：4）。可見本書的一致性。

秀美 清秀美麗。

基達 以實瑪利的次子。亞拉伯北部遊牧民族及其後裔，所用帳棚以黑山羊毛織成，在沙漠地帶到處可見。（參〈創〉25：13）。

帳棚 可遷移的房屋、拆疊住所。（參〈出〉33：10）。

幔子 所羅門宮殿中精工巧織的羊毛氈。愛屋及幔，宮中陳設，盡皆美不勝收。

日頭 太陽的光體，分晝夜管理節令，影響萬物生長。（參〈創〉1：14-15）。

輕看 英文欽定本譯為：「不要盯著我」。

同母的弟兄 英文欽定本譯為：「我母親的兒子們」。此詞在希伯來文、希臘文、英文皆分不清楚長幼及關係情況。此處可能暗含一段語焉未詳的故事，令人費解：諸如其父已歿？兄弟誤其青春等。

葡萄園 指可以種植葡萄的田園。也可暗指女性的胴體。（參 2：14，8：12；4：12；5：1）等。出現不下二十次，多具此雙關意義。

看守 實際在田裡操作、施肥、修剪、整理的人，好讓葡萄園的收成能更好。

晌午 中午牧羊人休息的時候。

蒙著臉的人 古時中東蒙臉的習俗並不普遍，最早可追及於穆罕默德（Muhammad）的時期。蒙臉不敢見人指娼妓，（參〈創〉38：14-15）；或指淒涼為衣（〈結〉20：27），或痲瘋病患的衣服（〈利〉13：45）之裝飾；已訂婚的女子在未婚夫的面前及婚禮中的裝束情景。

在〈雅歌〉第一章第 5 至 7 節裡，面對蒙恩的眾女子，新婦說：「過去我裡外皆黑，如同基達的黑帳棚，如今因有基督的相通，成為聖殿中的幔子，雖黑卻是為主所用，新婦見證自己是位蒙大恩的罪人，雖然膚色稍

黑，卻有基督清雅的秀美。」

如此一來，激怒自以為義的同工們，新婦遭受逼迫受人差遣又無法兼顧自己的心園，內心明白惟有基督居首位，工作才會有果效。在苦難中，新婦更加緊緊的靠主，呼求主，終於起來往主那裡去尋求安慰，她呼求主說：「我何必在你同伴的羊群旁，好像凄苦無告的人呢？」患難可以使神的兒女們學會更緊緊的跟隨主，孤單、逼迫反而成為化妝的祝福。過去這位愛慕主的女子專心追求，主未置一詞，如今主稱讚說：「你這女子中極美麗的」，女子所有的委屈、苦難因著主的稱讚，都煙消雲散；不僅如此，還將軟弱的「山羊羔」也領到了好牧人那裡，主使軟弱的成為剛強，他們也得著主自己的生命和餵養。

三、環珮玎璫　花顏玉貌

本段是良人發出甜蜜的聲音，他現在親自說話了，告訴她：「妳可以出來，跟著羊群的腳蹤來靠近我的身旁，牧放妳的群羊。」他稱讚佳偶的美麗，並為她增添飾物，賜她最珍貴的禮物。

> 妳這女子中極美麗的，妳若不知道，
> 只管跟隨羊群的腳蹤去，把妳的山羊羔，
> 牧放在牧人帳棚的旁邊。
> 我的佳偶，我將妳比法老車上套的駿馬。
> 妳的兩腮，因髮辮而秀美，
> 妳的頸項，因珠串而華麗。
> 我們要為妳編上金辮鑲，上銀釘。

（〈雅歌〉1：8-11）

這回輪到眾女子發話，她們接受她美麗出眾，這真是「賤時豈殊眾？貴來方悟稀」。如今她們向她指點迷津，使她可以按圖索驥，找到她的心上人。當然這段話如果由良人說出也未嘗不可，由他現身說法，指示所在之地，更是直接截了當。

法老　是埃及的王。埃及常預表世界或天然的美好。

駿馬　意即許多馬中之頂好的馬。馬的力量大且快速。

「法老車上套的駿馬」　埃及戰車用馬拉車，供法老套車用的是馬中
　　　上駿，比喻女子的氣質非凡。駿馬的坐鞍飾有珍珠、寶石，男
　　　子稱讚女子的美貌因有裝飾而更嬌美。所羅門曾由埃及輸入馬
　　　匹（〈王上〉10：26-29），在此提出以色列情歌與埃及傳統詩
　　　歌的聯繫。

頸項　頸項本來是硬的，但加上串珠的裝飾就顯得溫柔，裝飾能改變
　　　人的氣質。

金辮　希伯來原文是指神冠冕那樣的東西，圓形的，是一個金辮冕。
　　　編金辮是頂細的工，就是神的生命頂細的那種表顯。

銀釘　此處「銀」有救贖的意思。鑲上銀釘，意即加上十字架救贖的
　　　工作。

在〈雅歌〉第一章第8至11節中，良人喜歡祂的新婦來到祂的身旁
牧放羊群。她也以牧養祂的羊群和照顧祂的小羊來表示對主的愛心，她將
發現這位大牧人真在她旁邊，並享受祂的嘉許。這就是和主同工的喜樂，
為主工作的甘美。

良人讚賞她，像法老御車用的馬，有最純粹的血統和完整的配搭，且
是經最嚴格的訓練，馴良而服從；牠絕對沒有自己的意向，只知服從駕車
的人。她頸項上有珠鏈顯出她天然的溫柔，但良人為她製造鑲有銀珠的金
鏈，即是用很多的時間和金子，乃是用十字架——一切屬靈福氣的根基，
將屬天然的逐漸改變成屬靈性的，使她顯有屬靈生命的溫柔與和諧。新婦
非常能幹，並有能力且快快的順服而完成主的心意，她的敏捷與和諧的行
動將使祂的國度擴遍及至全世界。

四、玉樹臨風　幕天席地

良人喜愛並款待她，女子聽到情人的讚賞，芳心竊喜。也因著與王一
起，她的心滿足而快樂，獻出了她的愛，投以她專一的愛慕之情。這對情
侶於香柏樹、松樹的濃蔭下，在美麗的園裡，享受愛情的甜蜜。

王正坐席的時候，我的哪噠香膏發出香味。

我以我的良人為一袋沒藥，常在我懷中。

我以我的良人為一棵鳳仙花，在隱基底葡萄園中。

我的佳偶，妳甚美麗，

妳甚美麗，妳的眼好像鴿子眼。

我的良人哪，你甚美麗可愛，我們以青草為床榻，

以香柏樹為房屋的棟樑，以松樹為椽子。

（〈雅歌〉1：12-17）

哪噠香膏 為極貴重的香膏，原由印度輸入，散發愛的魅力。約翰福音十二章，馬利亞打破香膏在耶穌身上，那是她所擁有最珍貴的東西，代表愛，代表新婦對良人的熱情。

沒藥 是古代希伯來婦女在胸間佩帶的香囊。沒藥原由南阿拉伯或非洲輸入，經常出現在埃及的情詩裡。通常丈夫遠行，其妻常以沒藥薰床等待他回來（〈箴〉7：17-19），故此喻為催情的春藥。藏此於胸際，更見漪旎風光。

鳳仙花 指甲花，生長在巴勒斯坦的一種灌木，花朵有濃香。猶太人把它栽在葡萄園中，使葡萄也沾染它的香氣。其形狀如男性生殖器，有如「大釘」，其內涵不言而喻。

隱基底 在死海西岸，多溫泉，盛產葡萄而著名，風景佳美。

鴿子眼 鴿子的眼睛柔和無邪，而且同時只能看一樣東西，表示眼目的單一和專心，傳統上與愛情有關。鴿子的性格尚有對主人非常的忠心。

床榻 是指帳棚內為新夫婦所設的大椅，猶太人向來把此帳棚和床榻一齊稱為雇帕（chuppah）。青草作床榻以下三句，即是幕天席地，以野外大自然為廬舍。

青綠的顏色，「香柏木的棟樑」與「扁柏木的桷椽」，皆象徵著情人間彼此所懷的希望。

在〈雅歌〉第一章第 12 至 17 節裡可以看出惟有在祂的面前和藉著祂的恩典，我們身上所擁有最寶貴的香氣和美貌才能表現出來。基督偉大犧牲、順服的愛，如同一袋沒藥常在我的胸懷間。我領會祂是那麼的美麗芳香，像似濃香的鳳仙花在葡萄園中，使所有的葡萄也都感染了它的香氣。

良人稱讚她動人的明眸，好像鴿子眼那樣柔美和專注，當我們的眼睛也如此注視祂榮耀生命的俊臉，將反射出祂的形象，看不見任何污點。新婦沉醉於新郎的俊美，如此玉樹臨風般，因此，新郎的形像也在她身上現出來了——一絲毫無污點，全然而美麗的。

〈詩篇〉廿三篇 2 節：「祂使我躺臥在青草地上，領我在可安歇的水邊。」「床榻」是安息的地方，新婦不但得了飽足，也得了安息。香柏木和扁柏木（松樹），都是所羅門聖殿中所用的木材，既堅硬又美觀。新婦不但得以飽足安息，也能全然擁有此堅固的保護。她體會，在王的裡面，她擁有了一切的需要和滿足。而我們在永恆之王的裡面，也是如此。

第二首：重逢的喜樂

　　佳偶與良人在初戀後第一次重逢於田野間。兩人相應和，互吐衷曲，以花、草、可愛的動物等比方訴說對方在自己心目中的傾慕；兩人互訴情懷，更加添戀慕。最後相約在比特山上。這是一首很美的田園詩。

一、萬紫千紅　花香常漫

　　佳偶的自謙，良人認為佳偶是女子中的佼佼者。

> 佳偶：
> 我是沙崙的玫瑰花[4]，是谷中的百合花。
> 良人：
> 我的佳偶在女子中，好像百合花在荊棘內。
>
> （〈雅歌〉2：1-2）

　　沙崙（Sharon，或 The Sharon）是低海岸平原，從加密山向南延伸。在古時候是個潮濕的地區。產大量不同類型的野花。

玫瑰花　和合本、思高本與 NEB 本均譯為水仙花。此字的希伯來原文動詞字根──「形成球莖」。一般都同意，這裡所描寫的是球莖類植物之一。番紅花、水仙花等常被列入選擇，如今秋牡丹則到處盛開，最奪人目。

谷中的百合花　此處不是我們常見的白色桔梗科植物的百合花。希伯來文的此字源自「六」的字根。即有六片葉子或六片花瓣的花朵。可能泛指延著肥沃、多水山谷中生長的任何形狀的花朵。有些解經家主張這花是紅色或紅紫色的，因（〈雅〉5：13）據以狀嘴唇的顏色，希伯來文為 shusham。

4　或作水仙花

「我是沙崙的玫瑰花，是谷中的百合花」。意思為我是平凡的女子。但良人情人眼裡出西施，將眾女子比作荊棘，而把所屬意的佳偶高舉出來，成為自荊棘中脫穎而出的花朵兒。

荊棘　在以色列中比比皆是，並常被用於寓言中；（參〈王下〉14：9）約阿施王以之為寓言，差遣使者去見猶大王亞瑪謝，亦即出現「蒺藜」，見「利巴嫩的香柏樹」的場面。所愛不僅為「花魁」，且為荊棘內的百合花。

每一位基督徒都與平常人一樣，都是罪人，與常人沒有分別，都是沒有希望的。主耶穌卻把他們從萬人當中分別出來，並視為至寶，是用主那寶血潔淨的重價買來的珍珠。這是唐詩：「賤時豈殊眾，貴來方悟稀」的註腳；每一位得救的男人都是「天之驕子」，每一位得救的女子都是聖靈的「掌上明珠」，每一位信徒的小孩都是主的「眼中瞳人」。

二、鹿鳴呦呦　我見猶憐

佳偶歌頌良人鶴立雞群。良人對佳偶的愛，深獲芳心，讓她陶醉不已，以致思念成病。

> 佳偶：
> 我的良人在男子中，如同蘋果樹在樹林中。
> 我歡歡喜喜坐在他的蔭下，嚐他果子的滋味覺得甘甜。
> 他帶我入筵宴所，以愛為旗在我以上。
> 求你們給我葡萄乾增補我力，給我蘋果暢快我心，
> 因我思愛成病。
> 他的左手在我頭下，他的右手將我抱住。
> 耶路撒冷的眾女子啊，我指著羚羊或田野的母鹿囑咐你們，
> 不要驚動，不要叫醒我所親愛的，等他自己情願。
> （不要叫醒或不要激動愛情，等他自發。）
>
> 　　　　　　　　　　　　　　　　　　　　　（〈雅歌〉2：3-7）

蘋果樹 任何芳香的、味甜的、球狀的果實，包括蘋果在內，都可算這裡所描寫的蘋果樹。良人被比擬成蘋果樹，有別於樹林中不結果子的樹木。

他的蔭下 呂譯、現代中譯本、NIV 本、JB 本皆譯為蔭影，在此暗示歡喜與安慰。此字在《舊約聖經》的普遍意思為「保護」。在（〈雅歌〉1：3）中良人為一袋沒藥躺臥在她的胸前；現在反過來，她坐在他的蔭下，咀嚼其柔情蜜意。

果子 釋經學者將果子看作「做愛」。蘋果「果子」經常是性愛的象徵（參考丁道爾《舊約聖經註釋》，頁 101），享受果子的甘甜，即是享受甜吻。

他帶我 原文可譯為完成式（武加大譯本、修訂標準本）；或如七十士譯為命令式：「帶我！」前者生米已煮成熟飯，後者則是對未來之幻想。

筵宴所 思高本譯為「酒室」，NEB 本譯為「酒園」。〈雅歌〉常使用戶外的主題，此處是以葡萄園子為戀人約會的場所。

旗 旗號或旗子。原文此字字根的動詞有「注視」的意思。故可譯為「他在愛中含情脈脈地看著我」。大部分的譯本讀作「他在我身上的旗幟是愛情」（思高）。

增補我力 思高譯本、現代譯本譯為「補養我」，RSV 本譯為「供養我」，AV、ASV 則譯為「支撐我」，NIV 譯為「加強我力」。

暢快我心 呂譯本為「提我的神」。現代本、RSV、NEB 譯作「恢復」。思高、JB 則譯為「使我甦醒」。

抱住 此字在《舊約聖經》只出現在〈箴〉五：20，意為「性交合」。

羚羊或田野的母鹿 羚羊或母鹿在希伯來文學上，都用來表示「所愛的女郎」（〈箴〉5：19）。這兩個動物的名字，希伯來語音與「萬軍的上帝」一句的是相同的。故有學者譯為「為了萬軍的天主，我懇求你們」（思高本）。

囑咐 思高本譯作「懇求」，AV、NIV、JB、NEB 本則譯為「命令」。動詞的形式是使役主動，意義應是「迫切地祈求」，不應為起

誓的觀念。第七節在三 5 及八 4 出現三次。ENB 本與 JB 本將這三處經文全部歸屬於良人。本文應歸為佳偶，這是因為從上下文語意來看，都暗示出是接續女孩的發言。也有以此三節分作三個段落的。

等他自己情願 這裡的動詞是陰性單數。故肯定此句是佳偶所說的。此句或譯為「不要叫她回到現實光景中，打岔她正在享受的愛情美夢」或「不要開始彼此戀愛的過程，直到機會與適當的場合出現」。若採用前者，則與下文無法銜接。

在〈雅歌〉第二章第 3 至 7 節這段經文充滿大膽的情慾描述，歷歷如繪。性，是上帝賜給人類一項最寶貴的禮物，人類據此傳宗接代，男歡女愛。性，是健康人格的效應，在聖潔的生活中，性可找到最高度和最健康的表現。只有完全的愛，能使男女的愛得以完全。保羅說：「在潔淨的人中，凡物都潔淨」（〈多〉1：15）。聖潔將性由形而下的境界中救拔，飾之以愛的花朵；聖潔的人不為性道歉，也不因之放縱忘形。

然而這個情竇初開，熱情奔放的少女，獨自幻想歡喜與她的他在葡萄園中幽會享受愛情。這一段可視為「意識流」的佳作。將佳偶思念良人的浪漫情懷，揮灑得淋漓盡致。這麼一個熱情奔放的女子，竟然有「桑間濮上」的幻想，但她發乎情，止乎禮。在大膽暴露其狂想之餘，竟能懸崖勒馬，以「不要驚動，不要叫醒我所親愛的，等他自己情願。」真是令人激動。

從今以後，新娘全心依戀她的良人，良人在她的身上普施愛情的甘露；新婦百依百順，在「應許的美地」享受順乎自然的真愛。

三、鸞鳳和鳴　如影隨形

良人的出現，聲音、姿態，輕快地像羚羊，又像小鹿般的輕巧來到。這是春花怒放，百鳥爭啼，鸞鳳和鳴的時節。

佳偶：

聽啊！是我良人的聲音。

看哪！他躥山越嶺而來。

我的良人好像羚羊，或像小鹿。

他站在我們牆壁後，從窗戶往裡觀看，從窗櫺往裡窺探。

我良人對我說：「我的佳偶，我的美人，起來！與我同去。」

因為冬天已往，雨水止住過去了。

地上百花開放，百鳥鳴叫的時候（修理葡萄樹的時候）

　　已經來到，斑鳩的聲音在我們境內也聽見了，

無花果樹的葉子漸漸成熟，葡萄樹開花放香。

我的佳偶，我的美人，起來！與我同去。

（〈雅歌〉2：8-13）

躥、越　兩者平行並用。「縮起身體跳躍」和「彎身跑過」。有「縮短了（他與佳偶之間的）距離」之意。

羚羊、小鹿　採用第七節的圖像。在此使用陽性，與良人的格相同。

牆壁　指房子的牆壁。

窗戶、窗櫺　均為複數，可能指由這窗戶掠過那個窗戶。

冬天　「播撒穀種的時候」。與「大雨」（冬天仍是雨季）平行。

百花　「發光」、「閃爍」的字根。寫春天的小花在綠色枝葉間搖曳的情景。

地上、境內　同字，不同的譯法。僅在此出現。

百鳥鳴叫　字根有「奏樂」、「嗡嗡叫」、「唱歌」之意衍生為「歌」、「樂器的曲調」、「旋律」等意。

斑鳩　巴勒斯坦春、夏之間的候鳥。

無花果樹　古代以色列最重要的樹，是平安與和平的象徵。

這段（2：8-13）與前段（2：3-7）同為「少女狂想曲」的延續。上段止於「自言自語」。本段良人輕巧臨到的俊俏模樣，如在屋外牆壁後向

窗戶裡窺看景象，幻想得活靈活現。良人呼喚的聲音也是遐想的一部分。「我的佳人、愛侶，起來，與我同去。」「良辰美景奈何天！賞心樂事誰家院？」該是比翼雙飛的時候了，這是思春少女的美夢。

大地春回，陽光普照，花紅柳綠，鳥獸奔騰，一切都充滿了活潑的生機和喜悅。我們吟詠復甦，歌唱重生，提醒人：「一年之計在於春」，從今以後要有什麼收穫，先要怎麼栽種！有志之士，曷興乎來！

四、羚羊掛角　比特山上

良人見佳偶欲語還羞的俏模樣，說出傾慕的請求。佳偶與之應達，別離後約在比特山上相會。

> 良人：
> 我的鴿子啊，你在磐石穴中，在陡巖的隱密處。
> 求你容得見你的面貌，得聽你的聲音；
> 因為你的聲音柔和，你的面貌秀美。
> 要給我們擒拿狐狸，就是毀壞葡萄園的小狐狸，
> 因為我們的葡萄園正在開花。
> 佳偶：
> 良人屬我，我也屬他；他在百合花中牧放「群羊」。
> 我的良人哪，求你等到天起涼風，日影飛去的時候。
> 你要轉回，好像羚羊或像小鹿在比特山。
>
> （〈雅歌〉2：14-17）

鴿子　即野鴿。常揀選危巖和深谷作棲息之所。

磐石穴　這詞有「裂縫中安全的藏身處所」之謂。

陡巖的隱密處　暗示山上的「溝渠」或「隘口」，泛指「任何可以提供遮蔽的裂縫」。

本章第 15 節是個難題。發言人無法確知是男性或是女性。釋經等者有的認為是所羅門對同伴們說的。有的理解為是佳偶回應上節之請求而說。

狐狸 或作野狼。是毀壞葡萄園的走獸。

他在百合花中牧放「群羊」 「他……牧羊」在《聖經》出現近一百
次。指「餵養馴服之動物」。此句可譯為「在百合花中的牧
人」。思高譯本認為是良人象徵的名號，猶太民族的象徵。

天起涼風，日影飛去 有些人解為「天明」，有些為「天晚」。後者較
有可能，因日影消失，天色也暗了。

……時候 思高本「趁……」，但「等到……」比較普遍。

羚羊、小鹿 指心愛的男人，（參看〈雅〉2：9）。但小鹿則指乳房，
（參看〈雅〉4：5；7：3）。

比特山 為專有名詞，與「約旦河東稱為畢倫那地」視為同一地方
（〈撒下〉2：29）。JB 本譯為「約盟山」。呂譯本譯為「分開
山」。此詞希伯來原文有「分別為二」之意，用來指地名、香
料，以及乳溝。此山想必饒有「陰陽割分曉」的氣勢。

「羚羊掛角，無跡可求」，少女的矜持使情人認為她高不可攀。表面
拒絕，半推半就，欲迎還拒，內心卻嚮往之。

這一首詩，從頭到尾是「心裡戲」，佳偶與良人相對時心中的「對
談」。「身在此山中，雲深不知處」，少女情懷總是詩，令人不可捉摸。可
能這正是感傷「落花人獨立，微雨燕雙飛」的時刻吧！

也許有人會問：「當主呼召我們起身跟隨時，我們怎麼得知呢？」這
是藉著內心的自省，產生一種由認識神而有的創造性的默契（〈羅〉8：
16），亦即聖靈在我們裡面所創造的對神無言之渴慕。在安息的片刻，
斜偎著那永恆的膀臂，讓每一位心滿意足的信徒都說：「我們已經相信的
人，得以進入那安息」（〈來〉4：3），直到我們的心聽到良人的聲音說：
「起來與我同去」為止。

第三首：有情的結局

本段經文在許多學者心目中被視為少女夢中所描繪的點點滴滴，因為根據事實，一個女子，月黑風高，踽踽獨行，似不太可能。

一、輾轉反側　求之不得

幕啟，火女孤衾獨臥，所謂伊人，在天一方，「故敧單枕夢中尋，夢又不成燈又燼」……（歐陽修〈玉樓春〉）

> 我夜間躺臥在床上，尋找我所心愛的。
> 我尋找他，卻尋不見。
>
> （〈雅歌〉3：1）

夜間　原文是複數，表示眾夜，許多的夜晚。NIV 譯本為「整個漫漫長夜」；NEB 本為「一夜復一夜」；現代中文譯本翻譯成「夜夜」。

尋找　蒐尋中帶有極強烈的意願，重複使用更表示盡了極大的努力；如〈箴言〉2：4：「『尋找』智慧如同『尋找』銀子」的『尋找』。

此段現代中文譯本譯為：我夜夜躺在床上，夢見我的愛人；我尋找他，卻找不著。

> 我說，我要起來，遊行城中，
> 在街市上，在寬闊處，尋找我心所愛的。
> 我尋找他，卻尋不見。
>
> （〈雅歌〉3：2）

遊行城中。在街市上，在寬闊處　「遊行」是繞圈子，來回的尋找。「城市」通常是指著有牆的城市，有政治上的含意，在此可能指耶路撒冷城，女子幾乎找遍了各大街，人群聚集的地方。城中，街市上，寬闊處

——是中東地區人群聚集的地方。因此女子在人群集中的地方，來往尋找他的良人，可以見其用心的良苦。如同辛棄疾的詞所言：「眾裡尋他千百度」。

尋找我心所愛的，我尋找他，卻尋不見　尋找（baqas）雖然不一定尋得到，我卻仍然願意極力的尋找我所心愛的。卻『尋』不見（masa）　終於到後來，我費盡了心血總算遇見了我所心愛的。

在現實生活做不到的事，可以在夢中得到補償，所以才有「莊周曉夢迷蝴蝶，望帝春心托杜鵑」的哲學夢境。古巴比倫、埃及皆有女神追尋男神的史詩，後者死裡復活，皆大歡喜。夢中自由逍遙，主人翁可以為所欲為，「夢裡不知身是客，一晌貪歡」、「夢魂慣得無拘檢，又踏楊花過謝橋」……。

童女不聽良人的呼召，結局就是輾轉反側，求之不得。何時我們的心離了主，離棄了那起初的愛，那麼何時我們內心的平安和喜樂就會消失了。信徒一旦離開主，縱然得著世上一切物質的享受卻仍然覺得乾渴不已；唯獨尋找到生命的主，人的心才能歸回完全的滿足和安息。然而人唯有除去生命中攔阻我們與主相親的絆腳石，人黑暗昏蒙的心才能得著亮光。先知以賽亞說：「耶和華說，你們修築修築，預備道路，將絆腳石從我百姓的路中除掉。因為那至高至上，永遠長存，名為聖者的如此說，我住在至高至聖的所在，也與心靈痛悔謙卑的人同居，要使謙卑人的靈甦醒，也使痛悔人的心甦醒」（57：14-15）。

「尋找」的神學只是初步，是一切佈道大計的起點，必要真地找著了，才皆大歡喜。牧羊人必須找到九十九隻之外的那一隻羊，才歡天喜地；婦人也得找到九塊錢以外的另一塊，才好作成項鍊（〈路〉15：5/9）。尋找的，必尋見；叩門，我給你們開門（〈太〉7：7），就是這一幕的主題。

二、驀然回首　我見猶憐

> 城中巡邏看守的人遇見我，我問他們，
> 你們看見我心所愛的沒有？

（〈雅歌〉3：3）

「你們看見我心所愛的沒有」可以譯作:「我心所愛的那一位,你們看見了嗎?」更可以表示女子尋找良人的迫切和期待的心情。她何等盼望從這些巡城的口中得知良人的下落。

> 我剛離開他們,就遇見我心所愛的。
> 我拉住他,不容他走,
> 領他入我母家,到懷我者的內室。

(〈雅歌〉3:4)

我拉住他,不容他走,領他入我母家,到懷我者的內室。

「拉住」,抓住;抓牢且不肯放鬆她的擁抱。「內室」(希伯來文heder),普通用法是指房間,在此做寢室。

這一段似乎可以接續上一節女子的「眾裡尋他千百度」,這時「驀然回首,良人卻在燈火闌珊處」。當女子在人群中發覺她所愛的人時,幾乎喜極而泣,就緊緊的抓住良人不放,並且她一直纏住他的愛人不放,溫和但幾近強迫的帶他到她母親的家中,進入她母親的寢室中。

這段經文極其深刻的描寫,女子對良人的渴望。從遇見他並帶他回家,到她母親的內室,而達到思念的頂點。「內室」表明彼此間的親密關係,對年輕女子來說是極其神聖的地方。她領他的良人進入「內室」,暗示她對他愛情的真切。信徒接待主的「內室」就是「內心的最深處」。

雖然有時我們離棄了那對主起初的愛,信徒的光景或許像《路加福音》十五章那離家多年的浪子。可是人若決意再回到主的面前,就會如同醒悟的浪子(和女子)所說的:「我要起來」,並且重新的去尋覓他的良人,主必然要如他所應許我們的:「你們祈求,就給你們。尋找的,必尋見。叩門,就給你們開門。」人一回頭,必然發覺,主就在不遠之處,待候我們的歸回。使徒保羅說:「但他們的心幾時歸向主,帕子就幾時除去了!」(〈林後〉3:16)。起來罷!我們幾時起來,主就幾時迎接我們,讓我們可以進入隱密處的團契,並且得以從救恩的泉源裡歡然取水。

從前有修道人悟道詩云:「終日尋春不見春,芒鞋踏破嶺頭雲;歸來笑拈梅花嗅,春在枝頭已十分。」終日嚷著尋道,其實道不遠人,「踏破鐵

鞋無覓處，得來全不費工夫」。這段公案正是教導「萬法歸一」，尋道者不必捨近求遠。

> 耶路撒冷的眾女子阿，我指著羚羊，
> 或田野的母鹿，囑咐你們，不要驚動，
> 不要叫醒我所親愛的，直等他自己情願。

（〈雅歌〉3：5）

在〈雅歌〉第三章的尾端是第二章第 7 節的重複，詳參看第二章第 7 節之註釋。

愛情在男女身上可能成為巨大的力量。在人間男女之愛情還未有答覆和未獲得滿足時，會造成極大的痛苦，甚至茶飯不思、睡不安枕、輾轉反側，難以成眠。可是當愛情獲得回報時，便會帶來無法形容的喜樂。因此愛情所產生的效果必須小心的處理，不應該在他自發以前把他激動起來。女子似乎抱著一種又期待又怕受傷害的心理，希望她日夜期盼的良人對她所發出的愛是心甘情願的，正面的回應。

三、乳香崗上　一乘華轎

在第三章第 6 至 11 小節裡，述及了所羅門的前來，並關於他乘轎的描寫，以及新婦與耶路撒冷眾女子的談話。

> 那從曠野上來，形狀如煙柱，
> 以沒藥和乳香，並商人各樣香粉薰的，是誰呢？

（〈雅歌〉3：6）

曠野　無居民、無人居住之地，但可以作為放牧之地；可以指神的百姓漂流曠野時的臨時居所。

上來　通常是指耶路撒冷，如「上行」之詩「上行」的意思，往聖城的行動，因為耶路撒冷是建造在山上。

煙柱　祭物經過精心設計焚燒的禮儀所冒出的煙柱狀雲柱。表明在婚禮的行列中燃燒了很多芬芳的香，香煙瀰漫了整個結婚的隊伍

所經之路。又，近東國家的商隊通常在夜間以火炬提供亮光，在白天以煙霧導引前行（〈民〉14：14）。

乳香 （labona）白色原料，是一種琥珀色的樹脂，表面覆以白色粉末。乳香是聖膏油的成分之一，並且廣泛使用做焚燒的香。

各樣香粉薰的 配合煙柱，是焚燒的乳香所發出的煙。沒藥和乳香並
商人各樣香粉薰的 這些東西顯出結婚行列的高貴，並且襯托出新郎對新娘的珍惜和鍾愛，在新郎的心目中，新婦是極其高貴。俗語說：「紅粉贈佳人，寶劍贈烈士。」

看哪，是所羅門的轎。
四圍有六十個勇士，都是以色列中的勇士。

（〈雅歌〉3：7）

轎 又做「床」，是某種精心設計的床榻；或作「寶座」。

手都持刀，善於爭戰。
腰間配刀，防備夜間有驚慌。

（〈雅歌〉3：8）

驚慌 或做恐懼，是外在的危險，這裡是指到處流蕩的亡命之徒的隊伍，他們專門打劫富有的婚禮行列；也可以指某種野生動物，專門攻擊落單的旅客。

第七、八兩節描寫婚姻的儀仗隊伍，在今日中東婚禮儀仗隊伍中仍然有武士隨行護守著婚姻的行列和保護婚禮的進行。（思高註釋）

所羅門的轎圍繞著以色列精選的勇士，顯出王的威嚴和高貴。這些勇士都是從軍中精挑細選的驍勇善戰的兵士，他們能保護王和新婦的性命，救他們脫離可能遭遇的任何危險，特別是夜間的危險。由新郎迎娶新娘的行列中，新郎以極其貴重的香料在前迎接；並且以勇士護衛迎娶新娘的禮車，可以想知新娘在新郎生命中的地位。新郎不僅讓新娘深深的感覺被愛，甚至感覺受到最安全的保護。兩人自此可以享受不受攪擾的情愛，而完全的沐浴在愛河。如同眾聖徒在主耶穌基督心目中的地位，信徒的心也

可以從主耶穌裡面得著完全的安息。〈詩篇〉91：1-2：「住在至高者隱密處，必住在全能者的蔭下。我要論到耶和華說，他是我的避難所、是我的山寨、是我的神、也是我所倚靠的。」

> 所羅門王用利巴嫩木，為自己製造一乘華轎。
>
> （〈雅歌〉3：9）

利巴嫩木 利巴嫩山是腓尼基、以色列、敘利亞的天然邊界，當地所出的木材是古近東各地所渴求的建築材料，尤其是用來做窗格的香柏樹和柏樹，更是出名。王的華轎是上選高貴的材料所製造的。「華轎」的富麗堂皇可以襯托出「所羅門王」的身份。如同現代人看車子，就可以知道車內人士的身份。

華轎 或作「寶座」（與第 7 節的「轎」字不同），也可做「車子」。

> 轎柱是用銀做的，轎底是用金做的，
> 坐墊是紫色的，其中所鋪的乃耶路撒冷眾女子的愛情。
>
> （〈雅歌〉3：10）

坐墊 希伯來文為 merkab，AV 本譯為「被覆」交通工具上的座位。

紫色的 用紫色布料裝飾，這種布料，通常是毛織品或細麻布，以一種昂貴的紫色染料染色，這種染料是從腓尼基海岸找到的一種甲殼類動物得來的。是王室和上流階級的人所用的染色品。

「其中所鋪的乃耶路撒冷眾女子的愛情」可以譯作為：「轎子內部的裝潢，是愛心的禮物所鋪成的。」

這一節（〈雅〉3：10）形容華轎的富麗堂皇，從外部到裡面的裝飾，越描述越顯得新娘的特殊和尊貴。若以此描述基督與眾聖徒的關係，則柱子是銀的，表明基督的救贖。轎底是金的，表明是屬天、屬神的。坐墊是紫色的，紫色表明犧牲和皇家的尊貴。內部的裝潢，是愛心的禮物所鋪成的，更顯出華轎的貴重。因為金的價值勝過銀子，愛情卻勝過金子和所有的一切。此段經文所描述「迎娶新娘的華轎」轎子的材料都是當時最好的，以此表明新郎對新娘的摯愛。主對信徒的愛也是這樣，就如同保羅提

到基督的愛時所用的形容詞：「能以和眾聖徒一同明白基督的愛，是何等長闊高深。並知道這愛是過於人所能測度的，便叫神一切所充滿的，充滿了你們」（〈弗〉3：18-19）。此段文字思高譯本：「銀柱金頂，紫錦墊褥，中間繡花，是耶路撒冷女子愛情的結晶。」現代中文譯本：「御車的柱子用銀包裹，上面有金線的刺繡；坐墊用紫色料子製成，是耶路撒冷女子們用愛織成的。」

> 錫安的眾女子啊，你們出去，
> 觀看所羅門王，頭戴冠冕，
> 就是在他婚筵的日子，心中喜樂的時候，
> 他母親給他戴上的。
>
> （〈雅歌〉3：11）

冠冕 是以樹枝，或寶貴的金屬與石頭做成的「帶狀頭飾」，或「花冠」，是尊榮和喜樂的象徵，是慶賀的加冠。這光榮的冠冕，是在婚筵的日子，母親為他所戴上的冠冕。

這一節（〈雅〉3：11）以新郎戴上喜樂、榮耀的冠冕，加上耶路撒冷城眾女子的羨慕和歡呼，十分貼切的表達出新郎新娘大喜之日的快樂。信徒唯有將自己完全的獻上，且沈浸在主的愛中，才能有滿足的喜樂，就如同一首讚美的詩歌（我奇妙的救主）的歌詞所說：

> 「我心深處有平安非，人所能知；我有喜樂，非人所能給，
> 自我將我身心完全奉獻與主，獻給奇妙、奇妙的救主，
> 我奇妙救主，我奇妙救主，在天上眾天使，在歌頌讚美，
> 我俯伏敬拜，我救贖恩主，我奇妙、奇妙的救主。」

第四首：燕爾的衷曲

這對少年夫婦，結成連理之後，新郎心滿意足，對新婦發出由衷的禮讚。

一、天生麗質　傾國傾城

良人稱讚佳偶的美麗，有閉月羞花之容，沈魚落雁之貌。

> 我的佳偶，你甚美麗，你甚美麗，
> 你的眼在帕子內，好像鴿子眼。
> 你的頭髮如同山羊群，臥在基列山旁。

（〈雅歌〉4：1）

我的佳偶　佳偶是良人對所愛之人的稱呼，是最好的伴侶，思高本譯
　　　　為愛卿。

你甚美麗　甚字乃加強語氣之意，表示是真的很美麗。而且在此段出
　　　　現了兩次，更加肯定她的美麗是有目共睹的，此處啟導本譯為
　　　　「很」，思高本譯為「如此」。

你的眼在帕子內　帕子，猶太人的風俗習慣。一般女子都戴類似帽子
　　　　有垂布至肩的頭飾，兩旁會加以裝飾，未出嫁的女子都用另一
　　　　塊布遮住臉。這種遮布是一種紗質的布，屬於透明的質料，遮
　　　　住的臉可以隱約看見，這裡的描述，可能與中國古代新娘所蒙
　　　　蓋看不見外面的方巾不一樣，而是類像現今新娘所戴的頭紗，
　　　　可以使人隱約地看見佳偶的容貌，否則下面幾處描寫新娘的五
　　　　官就毫無意義。是新郎俉憑過去印象或杜撰的，如此就否定了
　　　　妳甚美麗的說法。（參見1：7）

好像鴿子眼　鴿子是和平的象徵，也是溫馴的禽類，用鴿子眼一詞比
　　　　喻雙眼柔和，明亮無邪，形容佳偶含情脈脈，眼睛似乎在說
　　　　話。

你的頭髮如同山羊群 迦南地（今巴勒斯坦地區）所放牧的山羊大部分是黑色毛的品種，大批的羊群聚集一處移動，遠遠望去，整個山上黑鴉鴉一片，好像黑色的河流蜿蜒。女子為黑髮，而良人是牧人，所以就地取材的形容佳偶的秀髮烏黑光澤又微鬈，如同黑山羊的毛一般柔順亮麗。

臥在基列山旁 基列山在《舊約聖經》中，此概念相當含糊，其定義是隨時代遷變而有所不同，可能是指著由雅博河（Jabbok）所圈圍的那一塊不大的地區（見 Denis Baly 所著，*The Geography of the Bible*，p275），所以基列（Gilead）山的定義，可能不單是指一座山名，可能包括整個山地，羊群吃飽後非常馴服地臥在山上草地上反芻，此處形容佳偶的頭髮如同羊毛般的柔順服貼亮麗。

> 你的牙齒如新剪的一群母羊洗淨上來，
> 個個都有雙生，沒一隻喪掉子。
>
> （〈雅歌〉4：2）

你的牙齒如新剪的一群母羊洗淨上來 合和本在「母」字下方有「……」，表示《聖經》原文中並無母字，但從中文譯本更可了解此節所描述的對象是佳偶。良人繼續用他牧羊的經驗和所知的形容詞描述佳偶牙齒潔白晶瑩，如同羊剛被剃了毛，洗乾淨了身體那樣光滑淨白。

個個都有雙生，沒一隻喪掉子 雙生表示上下左右排列勻稱，沒有一隻掉落的，表示完整無缺。古時沒有牙醫，也沒現代各種牙膏和清潔口腔的用品，能夠保持牙齒潔白已經不簡單了，而且居然都沒有缺少，上下排列整齊更是難得。牙齒排列不整齊會影響一個人的嘴型，也妨礙五官的美感，無怪乎良人用雙生一字來讚美佳偶牙齒的整齊可愛。古人有「齒如瓠犀」，或「齒若編貝」來形容牙齒的整齊可愛。

你的唇好像一條朱紅線，你的嘴也秀美。

你的兩太陽，在帕子內如同一塊石榴。

〈雅歌〉4：3

你的唇好像一條朱紅線　朱紅是指比大紅稍淺的顏色，這裡形容嘴唇的顏色。線是形容嘴唇皮很薄，而整句是形容佳偶的唇型優美自然紅潤，不用塗抹口紅就已顯出她唇紅嬌美。

你的嘴也秀美　根據《聖經》原文串珠註解，嘴在希伯來文字義中有口音、唇的意思，也有譯為嘴唇。秀美原意為合宜的，啟導本譯為美麗，NEB 本譯為可愛，思高本譯為嬌美可愛，現代中文譯本譯為秀美動人，整句在形容佳偶的朱唇美麗，如同櫻桃小口一般，想必經常抿嘴微笑，笑起來好像一條朱紅色的線掛在臉上。

你的兩太陽　太陽，啟導本、思高本及現代中文譯本均譯為兩頰，故此處不太可能指太陽穴的地方。由下句如同一塊石榴推測，應當指臉頰部分，或臉側部分，由於臉色紅潤，可能是大喜之日，害臊所引起的紅暈，如同曬到太陽般使雙頰紅潤，因此用太陽一詞形容。

如同一塊石榴　一塊，由上句推下來，雙頰泛紅，一定是一片或一塊，總之指著一個區域，或一個部位。石榴，灌木植物，屬石榴科，果實成球狀，成熟後，外皮由青轉紅，略帶橙紅的色澤表皮光澤，熟透的果實會自動裂開，而露出排列整齊又晶瑩剔透，色澤鮮紅，如同紅寶石般的果粒，中心有白色略帶淡黃色的種子，內皮呈乳白色，果粒多汁甜美，是中東地區盛產的水果，與葡萄、無花果並列為三大水果。在所羅門聖殿柱頂有石榴相接的雕刻圖案，在摩西五經〈出〉28：33 中所記載大祭司的外袍周圍底邊也有縫上石榴的裝飾。

全節在描述從薄紗的帕子裡隱約可見佳偶的臉蛋面頰泛起紅暈，嬌羞不已。

你的頸項好像大衛建造收藏軍器的高臺，

其上懸掛一千盾牌，都是勇士的藤牌。

（〈雅歌〉4：4）

你的頸項好像大衛建造　頸項指脖子，從這句可知所覆蓋的面紗，一定不會過長，而所穿的禮服也必定屬於無領的樣式，否則就看不見佳偶的粉頸了。

收藏軍器的高臺　高臺多為石頭層列的建築物，比喻純潔堅貞不可侵犯的意思，收藏軍器的高臺，思高本譯為陳列勝利品的寶塔；啟導本譯整齊雅觀的城樓；NIV 本譯成優雅之物。在《聖經》中只有此處出現過，所以無法比較對照，但應是形容女子的脖子，高挺而直，彷彿是象牙所做的高塔那樣引人注目。

其上懸掛一千盾牌，都是勇士的藤牌　一千是個單位名詞，兩約《聖經》中有些譯為「千、千千」，但有的地方，特別譯為一千，可參考〈啟示錄〉20：2/6/7，思高本譯做千萬，形容數目之多。盾牌原文字義是盾，遮蔽物，多譯為盾牌，也有譯為藤牌，七十士譯本中有兵器、器具、工具之意。藤牌，思高本譯為兵器；啟導本譯為武器。配掛著為國盡忠的勳章般昂首英挺，不但光彩奪目，同時也襯托出佳偶除了有女子嬌柔姿態，亦具陽剛之美。

你的兩乳好像百合花中吃草的一對小鹿，

就是母鹿雙生的。

（〈雅歌〉4：5）

你的兩乳好像百合花中吃草的一對小鹿　兩乳意指女性的胸部，形容佳偶的上半身。小鹿在此隱喻佳偶的胸部剛發育完全。

就是母鹿雙生的　母鹿，見 2：3 註釋，雙生見 4：2 註釋，形容乳房勻稱，兩乳完全一樣如同雙生般。

整句描寫佳偶體態發育良好，峰挺勻稱。

二、比翼雙飛　共歷名山

在前面那麼熱情、赤裸裸的讚美新娘胴體後，兩人好像合而為一，如同比翼鳥，雙雙飛舞，享受情愛。

> 我要往沒藥山和乳香岡去，直等到天起涼風，
> 日影飛去的時候回來。

（〈雅歌〉4：6）

我要往沒藥山和乳香岡去　哪裡是沒藥山和乳香岡呢？《聖經地圖》找不到這兩個地名。在和合本《聖經》中若是地名都是有雙旁線，但這裡沒有，可見《聖經》譯者也沒有把它們當作是真正的地方。一個山產沒藥，沒藥是一種樹膠，其樹產於亞拉伯（即今阿拉伯），是一種矮小灌木，樹皮淺灰色，用銳器刺樹皮，即有樹汁流出，風乾後，呈深棕色，質脆氣香，味極苦澀，可為藥用。在《舊約》用來製造「聖膏油」（〈出〉30：23），安葬用（〈約〉19：39）。另一個岡產乳香，乳香是一種琥珀色的樹脂，表面覆以白色粉末，所以名為「乳香」，這類樹盛產於印度、亞拉伯西南、非洲東北沿岸。乳香是聖膏油的成分之一（〈出〉：34），並且廣泛使用作焚燒的香。它是博士所獻給耶穌的禮物之一（〈太〉2：11）。從上下文意來看，此處「沒藥山」及「乳香岡」，應是暗指新婦的胴體，此處在表達欲享受「水乳交融」之樂。

直等到天起涼風，日影飛去的時候回來　「天起涼風」，「日影飛去」是表示已經沒有太陽的影子，亦就是黃昏來到。

> 我的佳偶，你全然美麗，毫無瑕疵

（〈雅歌〉4：7）

「我的佳偶」呂振中本譯「愛侶」；現代中文譯本為「愛人」；思高本譯「愛卿」；RSV 本為「吾愛」，NIV 本為「我心愛的」，NEB 本為「我最

親愛的」。這個語詞在〈雅歌〉中出現九次，總是出自良人的口，並且經常與她的美麗連在一起。「美麗」可分為四類：一、屬物質的；二、屬才能的；三、屬道德的；四、屬靈性的。其中最高級是屬靈的美麗。全然美麗是否包含了所有的美呢？而且還是毫無瑕疵的。瑕疵即殘疾，原文字義是指污點、缺點的意思。此意即是涵括了所有的美麗，而且是完美無缺的。

> 我的新婦，求你與我一同離開利巴嫩，
> 與我一同離開利巴嫩；從亞瑪拿頂，
> 從示尼耳與黑門頂、從有獅子的洞，
> 從有豹子的山，往下觀看。

（〈雅歌〉4：8）

新婦 在 JB 本譯為「應允的新婦」；AC 本譯為「配偶」。這一節開始，接下去的五節都出現，可見新郎對新娘是如何愛戀，頻頻呼喚「新婦」——這屬新郎獨自有權的暱稱。我們常說「新婦」是預表基督徒，若是以解經的角度來看，在〈以賽亞書〉六十二章 5 節「新郎怎樣喜悅新婦，你的神也要照樣喜悅你。」即可明證。

求你我一同離開利巴嫩，與我一同離開利巴嫩 「離開」思高、RSV、現代中文譯本、NIV 都譯為「下來」，呂振中譯本為「漫遊下來」，NEB 本譯為「趕緊下來」，斯本塞（Edmund Spanser）將此句翻譯為「你離開利巴嫩到我這裡來」。利巴嫩是山名，山頂終年積雪，上部之灰石為淡白色，故又名白山。山之幹，沿地中海而行，長約三百里，其最高峰為 10,225 公尺，利巴嫩的風景，峰巒疊翠，處處秀麗，故常引起希伯來詩人之抒情。這裡可能意指比較舒適安全的森林中的寧靜生活。

從亞瑪拿頂，從示尼耳與黑門頂 亞瑪拿是利巴嫩之北的一山，大馬色的亞罷拿河發源於此。

示尼耳 亞摩利人稱呼黑門山的另一名稱（〈申〉3：9），與這裡所指的不同，大約各指山中的一峰，示尼耳山盛產松木（〈結〉27：5）。

黑門 山名，這三座山以黑門山最有名，在《舊約》中出現多次，其高峰位於利巴嫩山之南，高出海面920丈，南北蜿蜒五、六十里。

從有獅子的洞，從有豹子的山，往下觀看 獅子、豹子從被擄前時代就已在巴勒斯坦馳名（〈代上〉11：22；〈賽〉11：6-7，〈耶〉13：23）這兩種動物都是屬於兇猛動物，在當時常出現在北部高山，這裡可能指危險之地。

往下觀看 觀看在英文標準修訂本（RSV）翻譯為「離開」。

從6至8節我們也看到新郎對新娘的戀慕，在時間上願等候擺上，在對新娘的滿意程度，更是完全，更呼喚她與他同行，經歷高山，離開險地，夫唱婦隨，如影相隨，夫妻鶼鰈情濃表露無遺！

按著寓意解經，新婦是預表教會，而教會是一群基督徒所組成的，新郎則預表基督。……主基督對教會是何等的愛慕，他在等待我們與他同行，他在盼望我們的愛情，基督把教會看為全然美麗，毫無瑕疵，他要教會作個榮耀的教會，毫無玷污皺紋等類的病，乃是聖潔、沒有瑕疵的獻給基督（〈以弗所書〉5：27）。不但如此，基督呼喚我們與他同行，無論順境、危險都有他的引導，我們是否日日與主同行呢？

三、遊園驚豔　消魂奪魄

新娘撫媚動人，是令人著迷的，新娘的愛情，比酒更濃，比蜜更甜。

> 我妹子，我新婦，你奪了我的心；
> 你用眼一看，用你項上的一條金鍊，奪了我的心。
>
> （〈雅歌〉4：9）

我妹子，我新婦 在四章9節至五章1節，這一段中四次將新婦與妹子連在一起，這不是有血統關係，乃是丈夫對妻子的一種非常

親密的稱呼，好像中國人的「愛哥哥、情妹妹」，在古代東方也是常用的。

你奪了我的心　奪了我的心，NEB 本、NIV 本譯為「偷走了我的心」；NEB 本註「把心放進我裡面」；呂振中本譯「使我神魂顛倒了」。

你用眼一看，用你項上的一條金鍊，奪了我的心　用眼一看在（參見：15；4：1）都有讚美新娘的眼好像鴿子。新娘的眼如秋月，脈脈含情，讓新郎的「心跳加速」（NASB）。《漢書》李延年歌曰：「一顧傾人城，再顧傾人國」。可見美人眼皮的力量。用眼能奪心易懂，而項鍊也能奪心嗎？只能說是帶項鍊的脖子了。古人不是有形容女人的脖子「粉頸低垂」，故在《現代中文聖經》註釋說應譯為「脖子稍微一轉，就使我著迷。」當然金鍊的所值不菲，亦能令人心奪神馳。

> 我妹子，我新婦，你的愛情何其美；
> 你的愛情比酒更美；你膏油的香氣勝過一切香品。
>
> 〈雅歌〉4：10

愛情　思高本譯為「做愛」或「愛」；NEB 本、七十士譯本譯為「雙乳」。這字也曾出現在〈箴言〉7：18，從那很清楚的指著性愛說的。何其美，現代中文譯本、RSV、AV、ASV 譯為「多麼美好」；NIV 本譯為「多麼可愛」；呂振中本、NEB 譯為「多麼美麗」。

你的愛情比酒更美　酒在古代整個近東地區非常普遍，用酒在不同類型的慶典──婚禮、宴客、宗教儀式中扮演重要角色。酒的香醇、濃烈，使人回味無窮，故用酒比愛情，因酒能醉人，愛情也能醉人。

你膏油的香氣勝過一切香品　膏油，以色列人用的化粧品，塗在人身上會散發芬芳，使人喜愛。指一切市場上所能購買的香水、香膏等化粧品。

> 我新婦，你的嘴唇滴蜜，
>
> 好像蜂房滴蜜；你的舌下有蜜有奶；
>
> 你衣服的香氣如利巴嫩的香氣。

（〈雅歌〉4：11）

蜜 由蜜蜂所釀製，味甜美。《聖經》所記載的多為野蜜，常發現
於石窟、樹枒間（〈申〉32：13；〈士〉14：8/9；〈撒上〉14：
25），是為人所珍惜的食品（〈創〉43：11）。嘴唇不可能滴
蜜，而且好像蜂房滴蜜，更是源源不絕地滴蜜，所以這裡應該
是形容新娘的親吻彷彿嚐到蜜的甜味。參閱拙著《箴言註釋》
5：13「嘴滴下蜂蜜」，也是指親吻而言。

你的舌下有蜜有奶 有蜜有奶是巴勒斯坦地物產豐富的象徵。奶也是
古代近東情詩中常描寫的主題，此乃形容親吻的甜蜜與滿足。

你衣服的香氣如利巴嫩的香氣 RSV 本將衣服譯為外袍，白天當作
外套，晚上當毯子，衣服有香味，應該是新娘的體香所染，所
以在 RSV 本香氣譯為「氣味」。利巴嫩的香氣是屬於木料的香
氣，有一些香水的原料是樹木中提煉出來的。

從 9 至 11 節中，我們可以感受到新郎是多麼享受新娘性愛的甜蜜，
不論是秋波微轉，頸上飾物，胴體之香韻，耳鬢廝磨，都讓新郎心花怒
放，飄飄欲仙。

而在屬靈的含意上，我們的愛，可以「奪主的心」真是稀奇又令人感
動。當我們回應祂的愛，基督聖心在我們身上可以得到滿足。巴不得我們
對主的愛是又純又真又美的。天天進入「內室」的生活，讓良人屬我，我
屬良人，天人合一的親密關係，在你我身上顯露。

四、古井無波　心園關鎖

> 我妹子，我新婦，
>
> 乃是關鎖的園、禁閉的井、封閉的泉源。

（〈雅歌〉4：12）

我妹子，我新婦 據丁道爾註釋，以「兄」和「妹」作為戀人之間親暱的稱呼，非常容易在古代近東文學作品中獲得證實。這只是戀人們的慣用語，表達他們在結合中所期望的親密與持久。新婦在本章連續五節中出現，之後在五章 1 節出現，它在《舊約聖經》其他地方出現二十八次，這個字的焦點在於婦女已婚的身份，此種身份在推敲中是有性的合法性。

關鎖、禁閉 同一字，意為束緊鞋帶；束縛（義務、契約、愛情等）；使拘束；使負擔義務。

園、泉源 園（GAN）、泉源（GAL）希伯來文只有一字之差，故易於混亂；所以有很多考證家以為此乃抄書者一時之不慎。思高本《聖經》這兩字同譯為「園」。園子在隱喻上，是用作女性性器官的委婉說法（丁道爾《雅歌注釋》）。

關鎖的園，禁閉的井，封閉的泉源是說到貞潔，為著單一而且特定的對象，持守堅貞愛情，為著單一而且特定的對象守身如玉，絲毫不使玷污，只鍾情於所愛和思慕的良人。關於此處，可請看參唐詩杜甫的〈客至〉：「花徑不曾緣客掃，蓬門今始為君開」，是有相同的涵義。

> 你園內所種的結了石榴，有佳美的果子，
> 並鳳仙花與哪噠樹。

> （〈雅歌〉4：13）

佳美的果子 NEB 本譯為「珍奇的果木」，呂振中譯本為「極佳美的果子」，思高本則為「一切寶貴樹木」，彷彿是指石榴以外的果實；比較可能的用意是要說明「石榴」是一切最佳美的。

鳳仙花與哪噠樹 鳳仙花是巴勒斯坦野生的灌木，在春天時蓋滿了像葡萄一樣成串生長的白色香花，葉子壓碎後就產生光亮的橘紅色到黃色的染液。鳳仙花與哪噠樹，以這些作為美麗與性感的象徵。

有哪噠和番紅花、菖蒲和桂樹，

並各種乳香、沒藥、沈金與一切上等的果品。

（〈雅歌〉4：14）

哪噠　哪噠（nard）是一種名貴的香膏，取自印度喜瑪拉雅山區土生土長的一種植物。由於它非常稀少，所以很昂貴，使得這種異國風味的香料成為非常重要的媚藥。

番紅花　生產在小亞細亞的一種小花，它的雄蕊和雌蕊具有乾粉狀，製作一盎司的香料，需要四千朵這樣的小番紅花。

菖蒲和桂樹　和合本譯為「桂樹」，呂振中本譯為「肉桂」，是指錫蘭肉桂，亞洲東南方土產，一種中等大小的樹木的樹皮，或從其樹皮上滴下來的油。它是聖膏油的成分之一，並且也被認為是類似催情劑一樣的東西。

奇異香料在一般抒情詩中都是具有性愛的含意，在此也不例外，並非這對戀人真正擁有這麼多的昂貴項目的東西，它是象徵佳偶之珍稀與美麗。

你是園中的泉，活水的井，

從利巴嫩流下來的溪水。

（〈雅歌〉4：15）

園中的泉　「園」與4：12/15/16及5：1的「園」同一字。「泉」與〈伯〉27：2「永生」的神及〈撒下〉12：22孩子還「活著」的「永生」和「活著」同一個字。

活水的井，從利巴嫩流下來的溪水　活水是流動的水，不是用桶從池子或井裡取出的，而是自然「湧出」的。利巴嫩地區是約但河的源頭，約旦河上游的水色美麗似澄澈的水晶，快速且發出巨響地奔流著。

這裡不是指女孩多項不同的活動，而是指：當封閉的泉源被打開，關鎖的園門閂拔掉後，顯出她多樣的美麗與結實纍纍。

五、香風送暖　佳偶天成

新郎和新娘在一起，新娘便發表了自己馨香的愛情，甘願把她心所懷的愛情，完全獻給新郎，而新郎也回應了這願望，悅納新娘的鍾情。

> 北風阿，興起；南風阿，吹來；
> 吹在我的園內，使其中的香氣發出來。
> 願我的良人進入自己園裡，吃他佳美的果子。
>
> 〈雅歌〉4：16

北風、南風　巴勒斯坦地方，北風由黑門山沿山勢而下，寒冷潮濕，南風由阿拉伯沙漠吹來，熱而且乾燥，這兩種風對農作物均無幫助，此處應只是文學平行用法，並沒其他特殊意義。

興起　思高本、呂振中本「吹起」，與 5：2「醒著」同為一字。

吹　同 4：6 一樣，是指微風的吹拂。

園　思高本「我的花園」，呂振中本「我的園子」，和合本「我的園內」，見 4：15。

香氣發出來　呂振中本「馨香飄出來」，思高本「香氣瀰漫」，在這裡的含意是：芳香之氣徐緩地飄散開來……以吸引她的良人。

我的良人　思高本、呂振中本同譯為「我的愛人」，見 4：7 節。

願……進入　這是她明確的願望，希望他來佔有並享受他自己的園子——她自己一切親密的欣悅。

> 我妹子，我新婦，我進了我的園中，
> 採了我的沒藥和香料，吃了我的蜜房和蜂蜜；
> 喝了我的酒和奶；我的朋友們，請吃，
> 我所親愛的，請喝，且多多的喝。
>
> 〈雅歌〉5：1

我進了　這是回應上一節，她的願望「願……進入」。

我妹子、新婦　這裡對著第四章第 12 節「關鎖的園」，園子第一次打

開，邀請人進入，從這時開始，她不再是「外人」，而是婚姻
中的伴侶。

採了　　呂振中譯本作「摘取了」，思高本為「採了」，在拉比們的希伯
來文用法中，這個字特別是指摘無花果，而無花果在古代近東
有明確的性愛與性方面的關聯。

蜜房與蜂蜜　　古代近東情詩經常使用蜂蜜與「叢林」的意象作為女性
性器官的委婉說法。

從〈雅歌〉第四章第 1 節至第五章第 1 節中可知，耶穌再來之時，教
會如同新婦般被提及，在基督的眼中，看他所設立的教會甚為美好，正如
同〈啟示錄〉中所說的七個教會儘管有瑕疵，但基督的眼中卻看為像金燈
臺灣般的榮美，能為基督發光，也如〈以弗所書〉5：25 中說，基督愛教
會，為教會捨己，要用水藉著道，把教會洗淨，成為聖潔，可以獻給自己
作個榮耀的教會，毫無玷污皺紋等類的病乃是聖潔沒有瑕疵的。

基督再來時，誇獎稱讚教會，在地上的工作，這教會有屬靈的眼光，
看得見世人的需要及心靈的乾渴，並且像鴿子般的溫柔順服常常定睛在基
督的身上，教會帶領會眾個個同心合意的在一起，彼此過著得勝成聖的生
活，彼此扶持，沒有結黨紛爭，相咬相吞的情形。

在教會內傳講救恩之道，基督為我們捨命，所流出的寶血洗淨世人的
罪，教會所傳的真道如同喇合所繫的紅繩，幫助了探子的逃脫，同時也因
這紅線的記號，使全家得救，所以除他以外別無拯救，因為在天下人間沒
有賜下別的名，我們可以靠著得救（〈徒〉4：12），因此教會的講臺訊息
非常重要，要按著正意分解上帝的話，不要隨便加入人的話，要說造就人
的好話，激勵人彼此相愛，更愛基督。

教會又如同百合花一樣的芬芳，常散出基督的馨香，流露基督的愛，
如同吃奶的孩子安靜在母親的懷裡，得到溫暖、安慰、保護，使弟兄姐妹
從吃靈奶的階段，漸成為吃糧的階段，在真道上同歸於一，認識神的兒
子，得以長大成人，滿有基督的身量，成為一個榮耀的教會。

良人感於新婦的美麗、聖潔、芬芳、成熟，讚美得無以復加；新婦更

是歎為知己，作了「曾經滄海難為水，除卻巫山不是雲」的回應，邀請良人欣然入園，「任君恣意憐」、「勸君多採擷」，享受愛情的甜蜜。

第五首：離別的苦澀

在上一首我們見到整個婚宴的高潮，新郎、新婦彼此享受對方。新郎稱讚新娘秀外慧中，新娘也在歡愉之中，邀請新郎進到園中來享受她的愛情之果。新郎因享受愛情的歡樂而邀約同伴與他一起快樂歡暢。但進入第五首詩曲卻是低調，這一首曲一般把它當作是夢境。因經過那麼熱鬧的婚禮，並洞房中歡樂，突然峰迴路轉，新娘拒絕新郎的要求，兩人小別分離。故這應是新娘似睡似醒的夢境，所謂樂極生悲也。

一、長夜儆醒　風霜中宵

長夜漫漫，開始經歷愛的試煉。

> 我身睡臥，我心卻醒。
> 這是我良人的聲音，
> 他敲門說：「我的妹子、我的佳偶、我的鴿子、我的完全人，
> 求你給我開門，我的頭滿了露水，我的頭髮被夜露滴濕。」
>
> （〈雅歌〉5：2）

我身睡臥，我心卻醒　「睡臥」……「醒」，兩個動詞都是分詞形式，說明新婦在本段開始即是繼續進行的狀態，故一切均是夢境。「睡臥」除在此用之外，7：9也用「睡覺」。「醒」出現在2：7；3：5；4：16；8：4-5。「心」譯為心意、心懷、心腸，更常指情感與意志的所在地。〈雅歌〉使用此字有三次，（3：11；5：2；8：6）。

經過婚禮及洞房的激情之後，新娘的內心依然盪漾著，在回味愛情時，雖然睡臥著，但內心卻不因睡著而停止不思想。這種情形對女人而言是很正常的反應，也是常有的情況。故而認為此段是在似睡非睡的狀態，也是合理的推想。

這是我良人的聲音，他敲門說　「說」，思高本譯為：「聽啊！我的愛

人在敲門。」NIV 本為「Listen ！ My lover is knocking」「良人」，〈雅歌〉中新婦對新郎的稱呼，約有二十七次。若把整本〈雅歌〉寓意化，對猶太人而言，則將良人當作所羅門王。另一解釋比較單純，其含意為「親愛的」。也有譯為叔父、伯父，（〈利〉10：4：20：20）。「敲門」，原有催趕、敲、打之意。在此意為敲門，也有意為叩門。在《舊約》中此字出現三次，（〈創〉13：13），這個字是用來驅趕牲畜超過牠們所能承受的範圍（〈士〉19：22），是指基比亞凌辱利未人的妾的匪徒。在這兩次經文的上下文中，含有糾纏不休的意思。此節的後半一連串親暱的稱謂，當然敲門就有催促的感覺了。

新娘很興奮聽到新郎的聲音，而且新郎敲門的聲音是那樣的急切。

我的妹子 戀人間以兄妹相互暱稱，在古代近東文學作品中常可以看見。「妹子」乃是新郎對新娘的暱稱。

我的佳偶 呂譯本為「愛侶」；現代中文譯本為「愛人」；思高本為「愛卿」；RSV 譯本為「吾愛」（My love）；NIV 譯為「我心愛的」（My Darling）；其希伯來原文乃為「伴侶」的意思。它在〈雅歌〉中出現了九次，總是出自新郎的口，有表達友誼、保護、照料她的幸福之意。

我的鴿子 「鴿子」在新舊約多次作表徵性用法，例如：〈創〉8：8；8：10；8：12；〈太〉3：16。在此是新郎對新娘充滿愛意的暱稱。

我的完全人 原文意為「安靜」（〈創〉25：27）；有譯為「完全」、「完全人」（〈伯〉1：1/8；〈詩〉37：37）。也可譯為「無可指責」、「沒有瑕疵」；呂譯為「十全美人」。新娘在新郎的心目中是完美毫無瑕疵，指對佳偶全心的摯愛。

新郎對新娘的讚美，在他們整個感情發展中一直呈現著。新娘也因新郎對她的愛，這些甜蜜的稱呼在她心中使其念念不忘。

求你給我開門 開門，原字譯為「開」。敞開、揭開、張開、展開。

新郎對新娘的愛是那樣的深，故急急請求新娘為他開門，也有一點要求新娘對他展開愛情，接受他的愛。

我的頭滿了露水　滿了（mala'），滿、充滿。濕透了、蓋滿了。此字原文當出現在 14 節，為「鑲嵌」。新郎向新娘說出自己的情況，他的頭和頭髮，因夜間趕路而被露水濕透了。

我的頭髮被夜露滴濕　露水、夜露（rast's），水氣、濕氣。巴勒斯坦的夜晚不但很冷，且濕氣很重，有時地上會有薄薄的一層霜。這種情況之下應是令人感動，且不忍心的。但出乎意料之外的，新娘的回答，竟是淡然的拒絕。

新郎向新娘述說他夜間行遠路，以致因夜露滴濕頭和頭髮滿了露珠，由此可看出新郎對新娘的愛是何等的深。這樣的愛應可大大感動她才對，沒想到新娘的態度卻是出乎人意料之外的冷漠。

> 我回答說：「我脫了衣裳，怎能再穿上呢？
> 我洗了腳，怎能再玷污呢？」

（〈雅歌〉5：3）

我脫了衣裳　脫了，原文字義「擴展開來」，有譯為「剝去」（〈結〉16：39）；「剝了」（〈創〉37：23）；「脫下」（〈民〉20：26）。衣裳，呂譯為「內掛」；思高為「長衣」；NIV 為「外袍」。這個字用來指約瑟的外套（〈創〉37：3）、大祭司的外袍（28：4）、官員的袍子（〈賽〉22：21）。它也出現在（〈創〉3：21），指亞當與夏娃的皮製外套，此字原文的基本觀念是皮膚外貼身的衣裳，不是可以被蓋的衣裳，也不是泛指的衣服。
（丁道爾《雅歌註釋》p158）

怎能再穿上呢怎能？　「怎麼、怎樣、怎會？」的意思。

新娘雖內心歡喜若狂，但外表故裝冷漠，推託已脫了衣裳，不便為新郎的來到再起身穿衣。

我洗了腳，怎能再玷污呢　洗了，原文字義，洗、洗滌，指洗腳（〈創〉19：2）；指洗手（〈申〉21：6）；指洗滌祭牲，〈出〉29：17 中的

「洗淨」；指洗滌全身，（〈出〉2：5）中的「洗澡」，與（〈王下〉5：10）中的「沐浴」。象徵除掉惡行，（〈賽〉1：16）中的「洗濯」。在中東一般都穿草鞋走路，會把雙足弄髒，故要常洗腳。當然在夜晚就寢一定得洗腳，但在此有推託之嫌。思高本《雅歌註釋》，言此推託之辭很合乎女性的心理：再次以不願弄髒已洗淨的腳為推託之辭，所謂「欲擒故縱」也。西人也有 "play hard-to-get" 的心理遊戲。

> 我的良人從門孔裡伸進手來，我便因他動了心。

> （〈雅歌〉5：4）

我的良人從門孔裡伸進手來　門孔，「門閂洞」（NEB）、「門孔」（AV、和合）。這個字在《舊約》中另外出現六次（〈撒上〉14：11；〈王下〉12：9；〈伯〉30：6；〈結〉8：7；〈鴻〉2：12；〈亞〉14：12）。在這些經文的意思為洞穴，或是像洞穴一樣大的孔。從門孔裡，在 RSV 本作「向著門閂」；AV 與 ASV 本作「在門孔旁」；NEB 作「藉由門閂洞」；JB 作「藉由門孔」；NIV 本「藉由未上鎖的門」；和合、呂譯、思高作「從門孔」；現代中文譯本作「從門縫」。min-hahor「從洞中」，這個介系詞基本意義是「從」或「離開」，說明了方向及來源。帶有「以……」、「藉著」之義。伸進……來，「伸」（現中譯本、AV、ASV、RSV）；「插入」（JB、NIV）；「塞入」（NEB）。其意義是送、開放、伸出來。JB 與 NIV 二譯本的「插入」最能保留其意義。雖然新娘的回答完全出乎新郎的意料之外，但新郎不被此冷淡的拒絕所動，依然伸手入門孔欲開門進去。不過由第 6 節所述新郎轉身離開，有可能他將沒藥塗在門閂上，為要向新娘表達他的愛情。

我便因他動了心　心，譯為本身、心腸、肺腑、肚腹。意指深的同情或強烈的慾望。「我的心」（呂譯、RSV）；「我存在的心中」（JB）；「臟腑」（NEB、AV）；「五內」（思高）；「腹部」（〈歌

5：14)。基本意義泛指身體裡面的器官（〈撒下〉20：10；〈詩〉22：14），或消化道（〈拿〉2：1-2）；但有幾處指生殖器，無論是男性的或女性的（〈創〉15：4；〈得〉1：11）。由此節可看出新娘的回答只不過是推託之辭，其內心依然春情盪漾，因新郎的行動而動心了。

我起來要給我良人開門，我的兩手滴下沒藥，
我的指頭有沒藥汁滴在門閂上。

（〈雅歌〉5：5）

我起來要給我良人開門 新娘因新郎的請求而動心，因此就起床要為他開門，也收起她的嬌嗔姿態。

我的兩手滴下沒藥 沒藥，是從南亞拉伯的一種樹收集而來的樹脂膠，至少早自烏加列時期（主前十七至十四世紀），在迦南被當作香料來使用。沒藥是會幕中所用之聖膏油的一個主要成分（〈出〉30：23/33）。傳統上也與安葬時在屍體上塗抹防腐劑有關（〈太〉2：11；〈可〉15：23）。液體狀時用小瓶子裝上，有時則為固體狀，則用小袋子或香袋裝著，貼身配戴在身上，常與脂油混和，當脂油因身體的熱度而溶化時，會散發出香氣來。沒藥與脂油混合起來，做成圓錐形放在客人頭上，表示喜歡的記號。

我的指頭有沒藥汁滴在門閂上 有說是良人將沒藥塗於門閂上，表示對新娘的愛意，新娘開門時摸到，而指頭沾到沒藥。另一說是新娘自己手上塗滿沒藥。

〈雅歌〉第五章第 2 至第 5 節。當以色列民進入迦南時，應該從此按著神所應許的過著與耶和華神親密的關係——流奶與蜜的生活，但以色列民卻在他們進入迦南後，只做了一點小小的努力就停頓下來，並且與迦南人混合，從此不論耶和華神差遣先知警告他們、勸勉他們、挽回他們，以色列民所表現出來的竟是充耳不聞、我行我素，甚至用異族來侵略統治，

都無法使他們全然回轉。因此造成他們被擄的後果。

　　基督徒剛信主時，會有一蜜月期，那段時期，主是屬我的，有求必應。但接下來開始學習捨己為主，並進入內室與主親密，服事主也不遺餘力。那種單單與主親密，不受外界干擾的生活真是美得無比，真希望永遠保持那樣的狀態，不要有任何的變動。我們的主是何等的認識我們，而我們又是何等的容易自滿，不了解十字架真正的道理。生命是活的，會不斷的成長、不斷的突破，所以屬靈生命的要求是源源不斷的。服事中常會被要求捨己，有時在與主親近時，也會被要求捨己，而我們的舊人卻常拒絕被要求捨去，因肉體的邪情私慾是與聖靈相爭的，因此常會有掙扎在我們的內心裡，延遲主的要求是常有的事。感謝主！祂用慈繩愛索牽引我們一生。「身上常帶著耶穌的死，使耶穌的生也顯明在我們身上。因為我們這活著的人，是常為耶穌被交於死地，使耶穌的生活在我們這必死的身上顯明出來，這樣看來，死在我們身上發動，生卻在你們身上發動。」（〈林後〉4：10；4：12）

二、神不守舍　思愛成病

> 我給我的良人開了門，我的良人卻已轉身走了。
>
> 他說話的時候，我神不守舍。
>
> 我尋找他，竟尋不見。
>
> 我呼叫他，他卻不回答。
>
> （〈雅歌〉5：6）

我給我的良人開了門　開了門，完成式表示門開了，新娘將門打開。

我的良人卻已轉身走了　已轉身走了，走掉了、消失不見了。表示新娘打開門後，所見的是空無一人的景況。新娘大概也沒想到，她因撒嬌而故意推託，卻造成新郎真以為她不願接受他的愛情和請求，因此而離開。思高本：「一見他走了，我好不傷心。」新郎的離開，新娘的傷心、難過、懊悔是可想而知的。

他說話的時候，我神不守舍　他說話的時候：「當他轉背過去的

時候」（NEB）；「因著他的逃跑」（JB、思高）。神，「魂」（RSV）；「心」（NEB、NIV）。我神不守舍，原文意「我魂衰弱」；「昏厥」（AV）；「我神不守舍」（和合、呂譯、RSV）；「我好不傷心」（思高）。暗示一段虛弱乏力的時間。拉結的死就是以這種方式來描寫的（〈創〉35：18）。

此句可譯為「當我發現他已離開時，我幾乎要死。」在此可看出新娘聽到新郎的聲音時，已不能自己了。再發現新郎已轉背離去，那種深深的軟弱無力感，就會更加深。

我尋找他，竟尋不見。我呼叫他，他卻不回答　在一陣猶豫之後，新娘毅然出門尋找，邊找邊呼叫新郎的名字，卻沒見到蹤跡，也沒聽到回應。

新娘開門出來後，所見的景況竟是令她吃驚、失望，她也因懊悔與愛情的緣故，出門尋找，但新郎已無影無蹤了，她是何等的傷心難過啊！

> 城中巡邏看守的人遇見我，打了我、傷了我。
> 看守城牆的人奪去我的披肩。
>
> （〈雅歌〉5：7）

城中巡邏看守的人遇見我　城中巡邏看守的人，保護城市民的人。新娘在半夜於城市街道行走，且邊走邊找的樣子，難免巡邏的人要上前盤問。這個盤問造成巡邏的人竟動手打傷新娘。

打了我、傷了我　打了與傷了是相近的同義詞，有打傷或壓碎的特殊含義。

看守城牆的人奪去我的披肩　城牆，看守的奉派守衛的範圍。披肩，「帕子」（AV）；「斗篷」（NIV、JB、NEB）；「蒙身帕」（呂譯）；「外衣」（思高），輕薄的斗篷。以上下文看應不是奪去披肩，是因為拉扯的緣故，而拉下她的披肩。

在尋找中，新娘的傷心、難過，已無法形容，卻遇見不知情的巡邏的盤問，產生了誤解，新娘因此遭到無情的責打。

耶路撒冷的眾女子啊！
我囑咐你們，若遇見我的良人，
要告訴他，我因思愛成病。

耶路撒冷的眾女子啊　大多數釋經學者都將〈雅歌〉中所有複數形的
　　言論歸於這些女人，只有新娘才向她們說話。用祭祀法或戲劇
　　法解釋〈雅歌〉的人，認為她們像希臘合唱團，她們的出現是
　　作為佳偶的陪襯，並且藉著發出修詞疑問句，或是對主角之間
　　的情節作出解釋，以促進劇情的發展。另一些經學者則認為她
　　們是婚禮派對中的女性出席者，或君王內院的宮女。經文本身
　　並沒有說明她們的身份，只提出她們與耶路撒冷城有關。

我囑咐你們　新娘要求女子們為她傳達對他的相思。

若遇見我的良人　新娘的要求，使得女子們在第 9 節反問她說，你的
　　良人有什麼特別之處？在此新娘表現出對新郎的愛，認為他是
　　那樣的特別，所以大家應該知道他是誰。

要告訴他　請求女子們告訴新郎一件事，即是她害了相思病。

我因思愛成病　這種思愛成病已發生過數次了（〈雅〉2：5；3：5）。
　　如此顯出新娘對新郎的愛是何等偉大、又何等深，也是何等的
　　需要他。

　　新娘在大街小巷找不到良人，又遇到不愉快的拉扯，便轉向這群女同
伴，請求她們的幫忙，並託她們轉告良人，她因思愛成病。

　　〈雅歌〉第五章第 6 至第 8 節。當神的靈轉離以色列人，不再與他們
同在，以色列人被擄至外邦。在那裡他們沒有國、沒有家、沒有聖殿、沒
有祭祀，正如新娘開門所見的景況一樣。他們尋找，卻尋不見；呼求，卻
沒有回答。而且受外邦的統治、欺凌、被打、被殺、被剝奪。

　　當基督徒服事主時，起先會很單純的順服主所有的要求，過一陣子就
滿足於自己與主之間的關係。若主再進一步有所要求，他們會拒絕，會找
理由把自己所做的合理化，更有甚者把它屬靈化。直到發現與主的關係

不似從前一般的親密，可以無所不談、暢所欲言時，主已不像從前那般，有馬上的回應、馬上的見著，才深覺再次尋主、呼求主顯得很艱難，也不知何時自己竟離主那麼的遙遠，心裡的難過和傷心再也不是在主前訴說衷曲、掉掉眼淚就能解決的，真是需要夢裡尋祂千百回，才能喚得回來。在這段失落期，內心回想起主的愛、主溫柔的聲音，真有說不出的辛酸、懷念和渴望！

三、良人何德　鶴立雞群

本段文字（〈雅〉5：9）開始時是聯接前詩文「思愛成病」，與以下的「鶴立雞群」之過門經節，手法純熟，無斧鑿痕，足見編著的高明。

> 你這女子中極美麗的，你的良人比別人的良人有何強處。
> 你的良人比別人的良人有何強處，你就這樣囑咐我們。
>
> （〈雅歌〉5：9）

你這女子中極美麗的　若以戲劇或王室中的侍女群而言，是這群歌唱者對新娘的稱呼。為加強戲劇效果，延用新郎對新娘的一貫稱呼。「極美麗」是印象。

你的良人比別人的良人有何強處　思高本譯為「勝過其他的愛人」，其意為：所愛的良人比其他的良人更好？

以色列民一直在中東各族中是一個令人驚異的民族，不但以色列人自認是耶和華神的選民，連外邦人也是如此認為。在所羅門王時，以色列民令四周圍的各族所羨慕，並且都來朝貢，達到「萬國衣冠拜冕旒」的盛景。

基督的教會也是如此，不但是基督心目中完美無瑕疵的新婦，更成為基督的見證人，歷代以來均令不信的人驚奇，使得四海歸心，且對基督徒的品德寄予厚望。

> 我的良人，白而且紅，超乎萬人之上。
>
> （〈雅歌〉5：10）

我的良人，白而且紅 「白」的原文是「發光」或「眩目」，這個字卻適合用來形容黃金、象牙、珠寶等。「紅」，或「紅潤」，這是用來形容一個健康年輕人的正常膚色。這個字也同時用來形容大衛，描述大衛「面色光紅」（〈撒上〉16：12）。這位良人和大衛都是看守羊群的牧羊人，他們整天曝曬在陽光之下，因此「光」「紅」也可能是陽光的作用。「光」「紅」是身體結實、健壯而有力的象徵，一眼看到他，就感受到他身上所發出的完全、俊美。

超乎萬人之上 「超乎……之上」這句話的意義為「觀看」，衍生的意義是指某種特別顯目的可見之物，如「旗幟」或「明亮的星」，因此，嚴格來說，可直譯為「高舉的旗幟」。現代中文譯本譯為「佼佼者」，NIV 本譯為「傑出的」。在周圍所有的群眾之中，她的良人是眾人矚目的焦點，是超凡卓絕的佼佼者，無人可出其右。

他的頭像至精的金子。
他的頭髮厚密纍垂，黑如烏鴉。

（〈雅歌〉5：11）

他的頭像至精的金子 頭所形容的範圍，包含他的臉和頸項。「至精的金子」是說明這是經過「鍊了又鍊」的純金。呂譯本為「鍊淨的金」。近代大多數的辭典都認為作者是以當時一種很普遍的金黃色橄欖石來形容。但《聖經》中就曾以金子來描寫尼布甲尼撒王所夢見的像。《聖經》中有時也以金子來比喻人的尊貴（〈哀〉4：2）。金子是當時認為最寶貴之物，頭亦是身體中最重要的部分，因此以最純的金子來形容他的頭是寶貴無比，他的尊貴的風範無懈可擊。

他的頭髮厚密纍垂，黑如烏鴉 「厚密纍垂」，思高本譯為「棕樹」，也可譯為「如波浪狀的直瀉下來」，用來形容他的頭髮又多、又密、又長。因此，德里慈解釋為「頭上多而長的頭髮之光

鮮與彈性」。「黑如烏鴉」，在《聖經》中烏鴉是被定為不潔的鳥，《路加福音》以烏鴉來比喻上帝對人的眷顧。但在此處文字的意義僅以烏鴉漆黑的羽毛來形容良人的頭髮顏色，滿頭濃密烏黑的頭髮，象徵著良人的年輕、健壯和俊美。

他的眼如溪水旁的鴿子眼，用奶洗淨，安得合式。

（〈雅歌〉5：12）

他的眼如溪水旁的鴿子眼，用奶洗淨，安得合式 溪水旁字根的含義是「圍起來」或「監禁」。所以名詞的意義可能是類似河的「圍籬」或「水道」。JB 本譯為「池塘」。在溪水旁的鴿子象徵他的眼睛深陷在眼窩中，輪廓鮮明。他的眼睛是用奶洗淨的，用來描寫他的瞳人和眼睛黑白的強烈對比。他的眼睛白淨如奶，清澈而美麗。「安得合式」亦可譯為「塑得合式」、「安放得圓滿」，像兩塊寶石一樣鑲嵌得合式，均衡對稱。

他的兩腮如香花畦，如香草臺。
他的嘴唇像百合花，且滴下沒藥汁。

（〈雅歌〉5：13）

他的兩腮如香花畦 兩腮出現在（1：10），用來形容女孩子的美麗。香花種植的用途，是用來製做香料，RSV 譯本將香花直接譯為「香料」。畦的意義為「床」（beds）。在〈以西結〉使用此字的意義是「園子的區劃地」，是多數的形式，表示有許多花種，區隔接連栽種在一起。

如香草臺 NIV 本譯為「產生香水」；NEB 本譯為「滿了香水的匣」；JB 本譯為「聞起來香甜的堤層」。臺，希伯來文相當於「塔」，有「根據地」或「寶庫」的含義，用來收藏置放香草。作者用花草和花香來形容良人的兩頰，這種描述特別是為了觀感的目的，以此象徵他的兩頰散發出無比的馨香，吸引人來與他親近。

他的嘴唇像百合花，且滴下沒藥汁 「百合花」大多生長於谷中，故稱為谷中的百合花。它的氣味馨香，並且被認為是百花中最美麗的，所以《聖經》中以百合花與所羅門之榮華相比較，並且較勝之。此處所指的百合花可能是一種紅色品種的百合花，阿拉伯人以此種花泛指一切顏色豔麗的花朵。作者一方面形容良人的嘴唇如百合花那樣的鮮紅美麗，一方面形容他的嘴唇如百合花般，發出悅人的馨香。「沒藥」是一種寶貴的香料，為聖膏之原，質脆而氣香。救主耶穌出生時，東方博士之一向他獻上沒藥為禮物；尼哥底母也以沒藥塗抹於耶穌的屍身。然而在〈雅歌〉中，常以沒藥述說親嘴的動作。因此，沒藥可以特別用在親嘴時所散發出來的馨香。

> 他的雙手好像金管，鑲嵌水蒼玉。
> 他的身體如同雕刻的象牙，周圍鑲嵌藍寶石。
>
> （〈雅歌〉5：14）

他的雙手好像金管，鑲嵌水蒼玉 「雙手」這個詞可以用來指整個手臂或手臂的任何部位。「金管」是圓形的管狀物，NIV 本譯為「金杖」，JB 本譯為「金的、圓的」。因此有人認為金管是指手指的柔美圓潤，但是「杖」更適宜用來描寫整個手臂。「水蒼玉」的希伯來文是 tarshish，是他施（tarshish）的一種寶石。可能是黃玉，是位於瓜達爾幾維河（Guadalquivir River）口一座西班牙他施古城的出產。良人的手臂有如金管，其上鑲嵌著來自遠方的水蒼玉寶石。

他的身體如同雕刻的象牙，周圍鑲嵌藍寶石 身體指軀幹的外面部分，不包括內部器官。雕刻的象牙也可以解釋為「磨光」「擦亮」的象牙製品，它的表層既光且滑，如本章第 10 節所形容的，不是述說它的白，而是以它的光滑特徵來形容軀幹部份。「周圍鑲嵌」，呂譯本為「外面包著」；NIV 本為「飾著」；JB 本為「覆蓋」。希伯來文是取「覆蓋」的含義。藍寶石可能是

指在古代近東較盛行的一種淡藍色的天青石。整段的意義可能
是指：他如象牙般光滑的身體，以藍寶石「覆蓋著」。

> 他的腿好像白玉石柱，安在精金座上。
> 他的形狀如利巴嫩，且佳美如香柏樹。

（〈雅歌〉5：15）

他的腿好像白玉石柱，安在精金座上　腿是指大腿至足踝的整條腿。
「白玉石柱」可能是指白玉石或大理石所做成的圓柱。「座」
大都譯為「基部」，這個字經常用在〈出埃及記〉與〈民數
記〉中，特別是指會幕的骨架安置在其中的底座。這「座」是
以純金作成的（〈雅〉5：11）。

他的形狀如利巴嫩，且佳美如香柏樹　「形狀」也可以譯為「容貌」
（如思高、呂譯），或「儀表」（ASV、NEB）。利巴嫩向來以
樹木、景緻和眾山著稱。這裡指良人的容貌彷彿利巴嫩，風
采威嚴、高貴。「佳美」AV 本譯為「卓越」；JB 本譯作「無雙
的」；NEB 本譯為「尊貴的」。比較合適的翻譯是「雄偉的」和
「精選的」。

「香柏樹」是一種挺拔高直的樹，在古代的中東頗負盛名，聖
殿和宮殿即以香柏樹作為棟樑和裝飾。良人的雄偉、挺拔、優
秀如香柏樹般，無人能望其項背。

> 他的口極其甘甜，全然可愛。
> 耶路撒冷的眾女子啊，這是我的良人，這是我的朋友。

（〈雅歌〉5：16）

他的口極其甘甜，全然可愛　口是指「顎」，包括整張嘴。口的功用
是說話，是話語的源頭。甘甜是以複數的形式出現，用來加強
語意。他所說的話語極其甜蜜無比。

「全然可愛」也是一個複數形式，RSV、NEB 譯為「全然可愛
慕的」，特別加強語氣的說「關於他的每一件事都是美好，令

人充滿愉悅」。當新婦盡其所能，以當時所知曉一切最美好的事物來形容良人的特點之後，似乎意有未盡，她只能一句話來總結她對良人的讚賞，「他的所有一切，都是最可愛，最令人羨慕的」。

耶路撒冷的眾女子啊，這是我的良人，這是我的朋友　「朋友」是指友情，是一種極親密的名詞。這種友情的關係沒有性伴侶的含義。她的良人也是她的朋友，是遠比只是肉體交合更深的關係，是包含兩人之間情感、意志、思想和心靈裡更深的契合。人肉體的美貌和吸引會隨著時間而褪色，但心靈的契合卻會隨時間不斷的昇華。新婦對於良人的愛慕是全面而完整的，她對良人的委身也是完全的，因為他不僅是她的良人，更是她的朋友。

此處以「答客問」式地道出良人的「佳形美容」：國人自來男子不以形體勝，有之，則僅輕描淡寫地說：「……長九尺三寸，目若懸珠，齒若編貝，勇若孟賁，捷若慶忌，廉若鮑叔，信若尾生。……」可見人品仍較外表重要。但教會是基督在地上的代表，無論在神的眼中和世人的眼中，她都是極美麗，因為教會被神的榮耀所充滿，是基督的見證。當我們將基督的榮美完全彰顯出來時，人們很自然的看出，並且肯定，作為基督的新婦的教會，是何等美麗。基督配得我們獻上最高的愛，我們對基督的愛乃根據我們對他的認識和經歷；認識和經歷愈多，我們就有理由愛他愈深，並且他在我們心中的地位也愈高。當人問我們同樣問題「你所愛的，你所信的有何強處」，我們就以將我們心中盼望的原由告訴他們——我們所愛的，是無與倫比的基督。他的本性是完全無瑕疵，沒有一點人類天然的軟弱和腐敗。他是神「道成了肉身」，但沒有罪，為人類活出最完美的生活模範，他是無瑕疵的羔羊，完全遵行了神的旨意，死在十字架上，榮耀了神，救贖了人類。使我們能有榮耀擔當神的生命和性情。所以神將他升為至高，使他在凡事上居首位，他是頭，是君王，是掌權者。他是卓越、完全，可愛超過天使，超過萬人之上。

他雖然是這樣的完全，但他樂意俯就親近我們這些卑微的人，並且吸引我們來親近他。他以他無比的榮美，以他甜蜜的恩言，和完全性情所發出的馨香之氣，深深吸引我們來享受他的愛情和親密的交通，並且接受我們對他的愛慕和讚賞。

基督是全然可愛慕的，世上最快樂的人，就是那些在基督裡面享受他的甜蜜愛情，被他的偉大、完美和寶貴所折服的人。當一切的言語都無法表達他最深的感受和讚佩，他只能以最大的欣喜呼喊出「他全然美麗」。所有一切的豐富、完全、美麗都在他身上彰顯出來，從所有的層面，任何時間，任何情況和環境，都不能遮蔽他的「全然美麗」。「因為父喜歡叫一切的豐盛在他裡面居住」（〈西〉1：19）。

最後，他雖然是至高無上的君王，但他又是我們的朋友。超過一切因需要和利益的結合。基督是全能的朋友，是一位可以體恤我們的朋友。我們不只可以享受他一切恩典的供應，並且我們可以面對面來認識他，了解他的心意，他屬天的計劃。在朋友這種可以互相交託，承諾，信賴，心靈完全契合的關係上，我們因此對基督付出最高的愛。

第六首：旦旦的信誓

在似幻似真的惡夢裡，佳偶尋找良人千百度，良人的離去使佳偶神不守舍，在對耶京女子描述完良人之美以後，耶路撒冷的女子說話了，而且信誓旦旦地……

一、夫唱婦隨　如膠似漆

此段聯接上述良人的光景（〈雅〉5：10-16），與下載窈窕淑女的美麗（6：4-9），成為郎才女貌的對照。

> 你這女子中極美麗的，你的良人往何處去了？
> 你的良人轉向何處了？我們好與你同去尋找他。
>
> （〈雅歌〉6：1）

極美麗的　新譯本、合和本及思高《聖經》翻成「最」美麗的；周聯華之《歌中之歌》翻成美麗的少女，無比較級的副詞；《今日聖經》翻為「絕頂」美麗的女子；《現代中文譯本》為「最」美的佳麗。多數譯本皆贊同用最高級副詞來表達書拉密女之美。此詞彙在〈雅歌〉乃第三次出現（參見1：8；5：9），皆為耶路撒冷眾女子對書拉密女的稱呼，表明她的美麗，且出於女性的口更顯其難能可貴。基督徒的表現與世上的人之差別亦是如此，基督徒是鹽，是光（〈太〉5：13-14）；真基督徒的行為相對於世界的醜陋是極美麗的，然而有多少基督徒能讓人一眼看出他的美麗？恐多已流於世俗，隨波浮沈哩。

往何處去　由於（5：3）的事件，使得良人離開，由耶路撒冷眾女子的問話中可以知道，她們對良人的去向一無所知。這如同全然未聽過福音的人，當明白福音的美與完全之後（5：15-16），會在渴慕尋找救主中發生同樣的問題：「往何處去？」

轉向何處　此句與前句乃重覆同一件事，唯此處強調良人所在的方

位。「轉」有方位改變的意義，表示良人離開時所往的方向。引伸外邦人更強烈地關心，想要能多了解主。

同去尋找　在（5：10-16）中，經過書拉密女對良人的描述後，耶京之眾女子豈不心動，因此同去尋找的動機和目的可能不單純，也許是想追求良人；或是單純地聽完書拉密女的見證，耶京眾女子深受感動，認為良人是足以匹配這極美麗的書拉密女，且值得她們幫她一起去尋找丈夫。

我的良人下入自己園中，到香花畦，
在園內牧放群羊，採百合花。

（〈雅歌〉6：2）

自己園中　「園子」這一詞在近東情詩有超越字面的特殊用法，它可指一般的花園、祭祀中心地，更重要的表達了一個性愛的象徵，用以形容女性的生殖器官，或泛指女性的性魅力，這多少要用點想像力。

書拉密女告知眾女子，良人是下自己的園中，這有二種解釋：一種是良人去自己的園子牧羊，這是將6：2全節連貫來看；另一種是把園子解釋為女性的生殖器官，這必需把5：2至6：1當成是書拉密女的惡夢。這惡夢的時間多處解釋不同，如《聖經助讀本》認為此夢持續到6：3，則良人下自己園中，應指5：1性關係的回想，而使她想起良人就在她身旁並沒有離開。若此夢醒於6：1，然後6：2才發現良人就在身邊，接著良人下自己園中，也就是第二次的性行為（第一次在5：1），當書拉密女醒過來，發現良人並沒遠離她。在這裡當做是「夢」的解釋較為合理，因為在5：8書拉密女對良人的去向並無把握，才會詢問眾女子，卻在6：2告訴她們良人的去處，顯然不合邏輯。

香花畦　「畦」在現代中文譯本譯為「圃」，呂振中譯為「苗床」。「香花」在 RSV 本譯為「香料」，NIV 本譯為「香水」。此句照字面解釋為「經規劃的香園」，若與性愛有關，則指「女性的身體，像規劃的香水園地」。

牧放群羊　《舊約釋義全書》說原文並無此句，應給予刪掉。和合本在群羊旁有……的記號，表示原文有牧放，並無群羊。NIV 本則將牧放釋為「餵養」，若園子指真正的「園」，則和合本翻牧放群羊是可能的；若園子為另有所指，則 NIV 本的餵養較接近，可解為對女體的親吻。

採百合花　非指植物中正式歸類的百合花，可以是山谷生長的任何類似秋牡丹形狀的花。既然如此，採百合花，本身是指一個行動，下到山谷中採花，當然在本文中，若把園子當成真正的花園，則良人是一邊放羊，一邊採花，採的不一定是百合花，這要帶點想像力。另外，若將園子解釋為性器官，則採百合花，應指在女體上的一種性行為，而「山谷」與「花」只是一種表象，從下園中開始，到香花畦、餵養，到採百合花，在詩歌體中，可以意化為整個性行為的連續過程，那麼「山谷的百合花」應指「女體」的委婉描述。整個經文引伸出，信徒在信仰的過程中，與神的關係，隨著對主的愛越多，而與神越親近。

> 我屬我的良人，我的良人也屬我，
> 他在百合花中放牧群羊。
>
> 　　　　　　　　　　　　　　　　　　（〈雅歌〉6：3）

我屬我的良人，我的良人也屬我　在性愛的纏綿之後，彼此的感情更昇華到完全合一，兩人互屬於對方，毫無保留。現代中文《聖經註釋》提到：「完全無保留的親近，只能在有婚約締結的範圍中。」在當中男女明白自我奉獻與忠誠依賴的最高表現之意義。特別注意此句話曾在 2：17 出現，但次序不同，先提良人屬我，後提我也屬他，這是以自我為中心的說法，但到了現在，書拉密女體驗到愛的真諦是不求自己的益處（〈林前〉13：5），因此她先說：「我屬我的良人」。

在雅歌第六章第 1 至 3 節裡，信徒在信仰的過程中也是一樣，剛開始

是很自私的，都以自己能從主那裡得到多少，來衡量自己應付出多少代價，但當信仰到堅貞的地步時，可以為主付出所有而不求任何回報。事實上，當人先求神的國和神的義，很奇妙的，所要的東西神就加給我們了（〈太〉6：33）。

二、渢歟盛哉　情有獨鍾

新郎對新娘的愛慕與讚美，表露出在「弱水三千，只取一瓢」之獨鍾的愛情裡。

> 我的佳偶阿，你美麗如得撒，
> 秀美如耶路撒冷，威武如展開旌旗的軍隊。
>
> （〈雅歌〉6：4）

我的佳偶　在〈雅歌〉前文（5：16）處譯作「同伴」或「朋友」那個原文字的陰性形式。

得撒　是古代迦南人的一座城市，位於撒瑪利亞附近，為北國西遷都撒瑪利亞之前的京都。這個位置是偉大的自然美景之一，有廣闊的園圃和樹林，主要是受惠於豐沛的水源（以色列最好的一個）。

如耶路撒冷　在〈雅歌〉中使用耶路撒冷的名字，而沒有加上片語「的眾女子」，就只有這一次。在〈耶利米哀歌〉二 15，這座城市被稱為「全美的，……全地所喜愛的」。

如展開旌旗的軍隊　希伯來經文並未含有「軍隊」這個字，按上下文可能譯作：這是如此裝飾的城市（看起來光彩奪目），這裡引入軍隊是多餘的，而且令人費解的。

良人讚美女子秀麗好似北國京城的得撒及南國京城的耶路撒冷，換言之，她的美麗有如這兩大京都那樣出類拔萃，叫人歎為觀止……。

> 求你掉轉眼目不看我、因你的眼目使我驚亂。
>
> （〈雅歌〉6：5.I）

驚亂　AV、ASV 本譯為「勝過」；NIV 本譯作為「征服」；NEB 本則為「幻惑」；JB 本為「俘擄」。說明新婦的眼睛非常美麗而有魅力，良人請求新婦轉眼他望，因為這雙眼睛，使他感到神魂顛倒，無法自已。這種說法含有激情的意義，良人巴不得新婦永遠在注視他，二人永遠不再分離。

> 你的頭髮如同山羊群，臥在基列山旁。
> 你的牙齒如一群母羊，洗淨上來個個都有雙生，
> 沒有一隻喪掉子的。
> 你的兩太陽在帕子內如同一塊石榴。

（〈雅歌〉6：5.II~6：7）

接著新郎利用（4：1-3）相同的形像，來描述新娘的美麗（參見該處註釋）。

> 有六十王后八十妃嬪，並有無數的童女。
> 我的鴿子，我的完全人，只有這一個，
> 是他母親獨生的，是生養他者所寶愛的。
> 眾女子見了，就稱他有福，王后妃嬪見了也讚美他。

（〈雅歌〉6：8-9）

王后　在《舊約》其他地方，也只有用來指以斯帖與瓦實提，以及示巴女王；亞蘭文同義字在〈但以理書〉第五章中用了兩次，是指伯沙撒的妻子。這個字從未用來指猶大或以色列王的妻子。

妃嬪　在古代以色列不只是陪伴的宮女，實際上乃是「妻子」（〈士〉20：3-5），雖然在階級上是次等的，卻也具有一定的保護與權益，將她們與那些在妻子、妃嬪名單之外的人分別出來。

童女　思高、RSV 譯本為「少女」；現代中文譯本為「宮女」，是指未婚女性（參見 1：13）。漸增的數目……六十、八十………無數，與漸降的階級……王后、妃嬪、童女，是當作雙重的陪襯，以突顯出佳偶的獨一無二。

我的鴿子，我的完全人 RSV 譯本為「純潔者」，沒有一個譯本把握到這裡開頭子句（第九節）的希伯來文輕快活潑的調子，「她…我的鴿子、我的純潔者……是獨一無二的（希伯來文「一個」），是她母親獨一無二的」。

讚美 在《舊約》中經常用來指「讚美耶和華」（哈利路亞），但也有用在人與地，含義為「誇耀」。後面這個觀念與上面的「快樂」平行（「快樂」比「有福」更正確）。

新郎為了表示自己對新娘的專一愛情，道出自己雖有三宮六院，但「後宮佳麗三千人，三千寵愛在一身」，因為她極其美麗，花枝招展，巧笑倩兮，美目盼兮，令人神魂顛倒。加上髮如羊群，齒如瓠犀，蠶首蛾眉，嬌豔欲滴。

三、歸去來兮　書拉密女

美麗光華的書拉密女，是新郎唯一所愛，更是眾人的注視焦點。

> 那向外觀看如晨光發現、美麗如月亮、
> 皎潔如日頭、威武如展開旌旗軍隊的是誰呢？

（〈雅歌〉6：10）

向外 在此譯作「向前」。

如晨光發現 表示佳偶裡面的陰影已經不見，前途和盼望有如早晨的日光一樣明亮。「發現」意思為「俯視某樣東西」，用以形容人從窗戶往外看；較佳的解釋是 NIV 譯本的「出現」。

美麗如月亮 表示佳偶的美麗有如月亮那樣的柔和、寧靜。「美麗」在 NEB、RSV 二種譯本為「亮麗」的意思；呂譯本為「皎潔」；現代中文譯本則為「秀麗」。「月亮」與日頭平行，是指滿月的時候。

皎潔如日頭 表示佳偶裡面滿了亮光和潔白，沒有一點的陰翳，如同日頭一般。「皎潔」在現代中文譯本為「光明」；呂譯本、JB 本

皆為「燦爛」；AV 本、ASV 本則為「晴朗」；有極潔白的意思。

威武如展開旌旗軍隊 此為良人對他佳偶的描述。參見〈雅歌〉前文 6：4。

是誰呢？ 修辭的問句，毫無疑問的，答案只有佳偶一人。

這句表達了眾女子的驚歎，把佳偶形容為光明如太陽，美麗如月亮，同時又莊嚴如軍隊，她是獨一無二的，令人沒法抗拒。當主耶穌再降臨時，新婦與主之間已經沒有間隔，主的榮耀和生命便充滿她，這時候的新婦必定是無比光華，教人羨慕萬分。

> 我下入核桃園，要看谷中青綠的植物，
> 要看葡萄發芽沒有？石榴開花沒有？
>
> （〈雅歌〉6：11）

核桃園 「核桃」相當於胡桃，泛指各種有殼的堅果；象徵有堅硬的外表，掉在污泥中也不影響其潔淨。全本《聖經》只有此處提到「核桃」，但在《他勒目》（*Talmud*）中經常提及，特別涉及此節經文的討論。「園子」按照往例（參 4：12-16；5：1-6：2）皆有性的意味，此處當亦不能免俗。猶太人喜歡把它當成第二聖殿的象徵，但是此處還是照字面解釋較為自然。

谷中青綠的植物 「谷」，NEB 本譯為「溪流」，指深而狹窄的山谷，只有雨季有湍急的水流，但終年多半是乾的水道。「青綠的植物」，呂譯、ASV 二本譯為「青蔥嫩綠」；思高、NIV 二本譯為「新綠」；現代中譯本則為「幼樹」。

葡萄發芽 「葡萄」（參見〈雅〉2：13）。「發芽」，AV 本為「茂盛」，此乃《舊約》中常用的字。

石榴開花 「石榴」）（參見〈雅〉4：3）。「開花」AV 本為「發芽」；JB、NEB、ASV 三種譯本為「盛開」。在埃及，「石榴」經常被用為助情的春藥，所以，本段經文春意蕩漾，昭然若揭。

「谷中」，表示了「謙卑、隱退」這種分別出來的狀況，只有在那裡「葡萄能旺盛，石榴能開花」，也才有合神心意的成熟果子出現。這個山

谷要憑著智慧、真理和聖靈的引導方能找著。因此，沒有幾個人能與新婦一同進入山谷中，自然屬神的果子稀少，即使如此，只要在主的大能之下，必定會有發芽、開花，並結實纍纍的一天。

> 不知不覺，我的心將我安置在我尊長的車中。

（〈雅歌〉6：12）

此節是〈雅歌〉最難解的一節，由於原文殘缺不全，譯法眾多，莫衷一是。大體上表達了二人復合後的喜樂和歡愉，至於誰在發言則意見不一。支持新郎說的有：NIV、NEB、JB、思高等譯本；新郎聽到耶京女子說話後，承認自己被新娘的話所勝，要到核桃園中欣賞新綠，此即意謂著二人的愛情已經成熟。此處支持新娘說的有：Patterson、Goulder、Glickman 等，但現今學者多不主張此種說法。

不知不覺 RSV 譯為「在我察覺以前」；NIV 譯為「在我明白以前」；JB 譯作為「在我知道以前」。

將我安置在我尊長的車中 「將我安置」，現代中文譯本、JB 本譯為「使我……有如」；JB 則為「將我投擲」；思高本譯為「催促我登上」，其意思為「她這樣地感覺」。「車」，NIV 譯本為「王室的車」；思高本為「主上的御駕」；NEB 本則為「無數的人」，是指不同類型的兩輪交通工具，如戰車、國家的車、祭祀的車。「尊長」，呂譯本為「於我的長輩旁」；ASV 本為「我君王般的百姓」；NIV 本為「在我民高貴的車中」；JB 本為「如他們的王」；AV 本則依據古譯本將之當作《舊約》中的亞比拿達（〈撒下〉6：4）。

雖然新婦在跟隨良人的過程中，曾經歷苦難、逼迫，可是她並不孤單或害怕，因為良人與她同坐在一部車上，和她一起爭戰。當新婦想到將來榮耀的日子及所得到的冠冕時，這一切痛苦、辛苦的過程就不足介意了。

> 回來！回來！書拉密女，
> 你回來！你回來！使我們得觀看你。
> 你們為何要觀看書拉密女，像觀看瑪哈念跳舞呢？

（〈雅歌〉6：13）

希伯來文與希臘文的經文以及思高本《聖經》中，都將〈雅歌〉第六章第 13 節放置在第七章第 1 節。

回來　現代中文譯本的「跳躍」，有轉身之意，指身體在舞動中的旋律。〈雅歌〉原文裡為「回來」重覆了四次，屬命令句，強調這般懇求的迫切。

書拉密　多本譯為「書拉密的女子」；JB 本譯為「書蘭的女子」。表示女子所來之地的名，最有可能的位置是「書念」，在加利利的山谷。此句意義為「平安之女」、「和平的使者」，是本詩歌中的女主角。另有一說法，書拉密的子音和所羅門相同，既然把所羅門當新郎（陽性），也能將之變成陰性為書拉密，這是情人間親暱的稱呼。

使我們得觀看　「觀看」，NIV、NEB、JB 三種譯本作為「注視」；呂振中譯本譯為「瞻望」；現代中文譯本譯為「欣賞」，其含意是帶著洞察力與理解力去看。旁觀的人在這裡為要仔細察驗、證實傳聞中書拉密女的美麗，這些旁觀者是指〈雅〉5：1 對良人說話的朋友們。

瑪哈念　JB 譯本為「兩排」；思高譯本為「兩隊」；呂振中譯本為「兩組相對的」。一般指「軍隊」，在此最好解釋為「兩組軍隊的舞蹈」。也可指在住棚節晚上舉行的舞會，排成兩行，彼此對稱應和，場面相當熱鬧。

跳舞　是舞蹈的意思，與戰爭得勝、宗教狂喜或是慶賀有關。暗示出某種活潑的群體活動，帶有交互輪唱的歌曲和樂器的伴奏。

　　在〈雅歌〉第六章第 10 節至第 13 小節裡，聖靈提醒我們，上帝是賜平安的上帝，祂的居所充滿了平安。新婦的生命中充分彰顯出她的順服——當人願意更深地接受十字架，交出老我和寶座以後，就會擁有獲得更多的機會，嚐到主耶穌所賜完全的喜樂、平安和得勝。所以，眾人都能從她身上看見神的恩惠、得勝與榮光來，更看出新婦的地位是何等尊貴，她將成為主在永恆榮耀裡的同伴。

第七首：藝術的化身

本段經文的角色混淆，常困惑讀者與解經家。有人視為二首詩（7：1-5 為王女之右所唱，7：6-9 為所羅門獨唱）；有人看為一體；有人以 6：13 的線索視之為觀看劍舞的客人讚語。

一、羊脂白玉　粉妝玉琢

正如第四章 1 至 7 節和第五章 10 至 16 節，身體各部器官被一一描繪得井然有序；不過前者由頭到腳，而此處卻由腳到頭，反其道而行。

> 王女阿，你的腳在鞋中何其美好，你的大腿圓潤好像美玉，
> 你是巧匠的手作成的。
>
> （〈雅歌〉7：1）

你的腳在鞋中何其美好　「腳」代表行動，信徒的行動。「腳在鞋中」即靠耶穌、靠基督生活。

王女　AV、ASV 本為「王子的女兒」；思高本為「公主」；呂譯本是「像人君威儀的女子」；現代中文譯文為「儀態萬千的少女」

王女的腳必須在鞋中才能成為美好，信徒之行動在主眼中看為何其美，因受了主特別的造就，巧匠作成的若未受神特別造就，絕不能行主的旨意；若不經特別預備，不經巧匠的造就，其步履如何蒙主喜悅，看為何其美呢？經上說：「報福音傳喜信的人，他們的腳蹤何等佳美」，若是我們的腳在鞋中（靠基督生活）就能為基督作極美的見證，我們的腳（表行為）若不在「鞋中」（表基督的生活）就不能為基督作見證，「王女」因為見證她的良人是王，良人自然要稱她為「王女」了。

你的大腿圓潤好像美玉　「大腿」是表明力量。「美玉」表明聖潔和堅固，美玉是堅硬的寶石。「圓潤」是豐滿的意思。

王女經過各式各樣的鍛鍊，使得她的腿好像寶石般那樣的美好，顯明她的腿是堅強站立得穩固，不易滑跌，更不易被引誘，也不會因逼迫而

跌倒。大衛說：「我的腳踏定了祢的路徑，我的兩腳未曾滑跌」（〈詩篇〉17：5）。腳站穩了，便有得勝的希望，如此走十字架的道路，便能得勝有餘。

是巧匠的手作成的 此造就由於出自巧匠的妙手。象徵著信徒的榮美，不是個人自修的功夫所能達到完美地步，乃是主親手所造的，保羅曾說我們正像一團泥，放在窯戶手裡，窯戶可用他的權柄，造作成尊貴或卑賤器皿，再看主所造天地萬物，諸天述說祂的榮耀，穹蒼傳揚祂的作為，真是令人嘆為觀止，人體造作的奇妙，列國的興衰，歷代宣教的進行，世界萬有的保存，皆出於巧匠之手——匠心獨運所創造成的。

> 你的肚臍如圓杯，不缺調和的酒，
> 你的腰如一堆麥子，周圍有百合花。
>
> （〈雅歌〉7：2）

你的肚臍如圓杯 「肚臍」，表示有生產之力，健康的人肚臍圓如酒杯。這是說童女得著了萬有的主，她是充滿萬有的主所充滿的，肚臍圓如杯的豐滿，是把基督的道理豐豐富富的存在心裡，因為我們已有所充滿的福使我們不缺一切，大衛說：「耶和華是我的牧者，我必不致缺乏」，不缺得勝的能力與福樂，不缺同伴與安慰，「少壯獅子還缺食忍餓，但那尋求耶和華的甚麼好處卻都不缺」（〈詩篇〉34：9-10）。

不缺調和的酒 酒表示最叫人喜悅的東西，大衛稱頌神「祢使我心裡快樂，勝過那豐收五穀新酒的人」，我們因神而有的喜樂，其滿足是遠超世人所能思議的、所能明白的，因神是我們本身的喜樂。

你的腰如一堆麥子 「腰」：表示力量。「一堆麥子」即表示豐富之意。基督徒要以真理的帶子束上腰，腰便有力量，在基督裡有真理，這真是豐富。基督徒的力量是為真理而死，就像結出子粒的麥子，先落地死了，而充滿生命的力量，能夠貫穿石頭，

有生命就能克服一切，如王女的子粒多得成為一堆。

周圍有百合花 「百合花」表明榮耀，或神的看顧。因此主耶穌說：
「何必為衣裳憂慮，你想野地的百合花，怎樣長起來，它不勞
苦，不紡線，然而我告訴你們，就是所羅門王極榮華的時候，
他所穿戴的，還不如這花一朵呢？」童女的一切，都是出於神
的恩典，神的看顧。

您的兩乳像一對小鹿，就是母鹿雙生的。

（〈雅歌〉7：3）

兩乳 表明有奶可餵，意指能應付靈性幼稚的信徒各方面的需要，或
是指童女的信心和愛心。

童女的信心和愛心，使她無論什麼都信靠主愛主，而能按時分糧，餵
養得救的人，這裡再一次稱讚新婦的兩乳，今日教會中所缺少的是乳養的
工作。教會中的信徒，若發揮乳養的工作，教會必興旺，所以要將神的
道，豐豐富富的藏在心底，餵養比我們年幼的弟兄姊妹。

你的頸項如象牙臺，你的眼目像希實本、巴特拉併門旁的水池。
你的鼻子彷彿朝大馬色的利巴嫩塔。

（〈雅歌〉7：4）

你的頸項如象牙臺 「頸項」：有負軛的意思，負軛必須順服，硬著頸
項就不能負軛，頸項的上面是頭，表明教會要顯露基督。

象牙臺 是貴重的東西，象牙成為臺，更顯其價值之大。

在這小節裡是說現在她的意志經過對付，而能完全順服神，所以順服
神的頸項是何等寶貝而有價值，如象牙臺一樣有價值，取象牙是有危險
的，但她不顧性命的危險順服，誠如保羅所說：「我不以性命為念，也不
看為寶貴，只要行完我的路程，成就我從主耶穌所領受的職份，證明恩典
的福音」（〈使徒〉20：24）。

你的眼目像希實本、巴特拉併門旁的水池 「眼目」：即良人稱讚她如
鴿子眼。「希實本」：是西宏人的京城，在〈約書亞記〉21章

39節，那城是利未人所得的城之一，本來是一座神要消滅的城，現在成了祭司所居之地。「巴特拉併」：巴特是「好」的意思，「拉併」是許多的意思，就是說許多女子的眼目要看她，因她的眼目實在美好，仰望神的人，總是有許多人要注意她。

這童女的眼如水池，水汪汪地。希實本、巴特拉併兩地，那裡的水必很清澈，水池的水，平靜清明，能返照人形，也能照出神的形像來，摩西在山上四十晝夜，下山時，約書亞見到他的眼目發光如神人，約書亞便俯伏在地，稱摩西為主。

你的鼻子彷彿朝大馬色的利巴嫩塔 「鼻子」，不但在臉上壯觀，能呼吸，維持人的生命，更能聞味，有分別力。「利巴嫩塔」，利巴嫩高原，利巴嫩塔築更高，為了防止大馬色的侵略。「大馬色」則是審判官的意思。

大馬色是以色列仇敵的京城所在，這彷彿朝著大馬色的利巴嫩塔的鼻子，是有分別善惡的功能，對付仇敵的功能；對於屬靈的知覺、是非的道理，均能分別出來，因此一位優秀的審判官，須具備高度的辨別力，如所羅門王在審判二名妓女為死孩子和活孩子的爭執事上，顯出了他高度的審判能力；這世代的主的僕人，更需要有這樣屬靈的洞察力。

〈雅歌〉第七章 1 至 4 節。王女的美容由腳而上至眼睛，很像《詩經》衛風・碩人的美貌：「手如柔荑，膚如凝脂，領如蝤蠐，齒如瓠犀，螓首蛾眉，巧笑倩兮，美目盼兮」，真有閉月羞花之貌，沈魚落雁之姿。

二、花枝招展　體態玲瓏

由頭部而下的體態，曲線玲瓏，引人賞心悅目。

> 你的頭在你身上好像迦密山，你頭上的髮是紫黑色，
> 王的心因這下垂的髮絡繫住了。
>
> 　　　　　　　　　　　　　　　　　　　　（〈雅歌〉7：5）

迦密山 為猶大山地之一鎮，在希伯崙東南約三十里，掃羅建碑於此（〈書〉15：55）。拿八田園在此附近（〈撒〉25：2-40）。迦密

適合牧放群畜，北邊地區有繁茂植物，〈雅歌〉指的即為此處。

髮 指美麗的代表，如押沙龍從腳到頭毫無瑕疵，更以長髮取勝（〈撒下〉14：25）。

是 希伯來文「像」之意。

紫黑色 指當她身子移動時，隨著閃爍光澤的搖動而散發著最明亮的光和波紋。

王 此字沒有加上定冠詞，所以使用王室稱謂，指良人而已。

髮綹 其原文字根意義是奔跑或流動的意思，所以應指她頭髮形狀似奔流的、起波之水紋。

思高譯本此處譯為：「你的頭顱聳立，好像加爾默耳山，你頭上的髮辮有如紫錦，君王就為這鬈髮所迷。」

> 我所愛的你何其美好，何其可悅，
> 使人歡暢喜樂。

（〈雅歌〉7：6）

我所愛 「做愛」或「愛情」。

美好 NEB，JB，思高三譯本：美麗，指良人的親暱。

何其 思高本譯為「多麼」。

可悅 形容身材的美好。

歡暢喜樂 動詞形式有「喜悅、柔和、欣喜」的含義。名詞有舒適的意義，尤其是性愛的愉悅。指做愛的歡愉。

思高譯本：極可愛的悅人心意的女郎，你是多麼美麗、多麼可愛！

> 你的身量好像棕樹，你的兩乳如同其上的果子纍纍下垂。

（〈雅歌〉7：7）

你的身量 指你的高度像棕樹高而細長的樹，象徵恩典與高雅，也是歡欣與慶賀的表徵。

兩乳 思高本為「兩串」果子，現中，AV 譯為加上「葡萄」，在此指暗黑色的果子所提供的「甜味」，與其形狀無關。

此段思高譯本譯為：「你的身材修長如同棕櫚樹，你的乳房猶如棕櫚樹上的兩串果實。

〈雅歌〉第七章 5 至 7 節。主與信徒是不能稍離片時，我們需要祂，祂也需要我們。要我們與祂同在，因此主稱讚她，主不只稱讚她，且喜悅她，因她歡暢喜樂。當良人看到新婦之身影如棕樹之高直美觀，並讚歎新婦的信心愛心已長大成熟到能成為別人的祝福。基督徒與基督聯結的生活，不但能叫基督得著滿足，也能成為別人的祝福，結果子，叫神得榮耀。「常在我裡面的，我也常在他裡面，這人就多結果子……你們多結果子，我父就因此得榮耀，你們也就是我的門徒了」（〈約〉15：5-8）。

三、吹氣如蘭　薌澤微聞

女郎不但花枝招展，美豔如花，而且吹氣如蘭，羅襦襟解，薌澤微聞，薰人欲醉……

> 我說我要上這棕樹抓住枝子，願你的兩乳，
> 好像葡萄纍纍下垂，你鼻子的氣味香如蘋果。
>
> （〈雅歌〉7：8）

我說 思高、JB 二種譯本為「我決意要」，動詞的含義是即時的，而不是有段間隔的時間。在此頗嫌用詞累贅，一般英譯為「我想」。

枝子 現代中文譯本、思高本、NIV 本譯為「果子」；JB 譯本為「棗柳果串」；NEB 譯本為「葉」；意謂活躍的性活動。

鼻子的氣味 指鼻子頂鼻子的接吻，古代東方的慣俗；男女互擦鼻子而聞到對方的氣息。

此段文字，思高譯本譯為：「我決意要攀上棕櫚樹，摘取樹上的果實。你的乳房，的確像兩串葡萄；你那噓氣的芬芳，宛如蘋果的香味。」

你的口如上好的酒，女子說：為我的良人下咽舒暢，

流入睡覺人的嘴中。

（〈雅歌〉7：9）

你的口　指「親吻」。

舒暢　AV 譯本為「甘甜」之意，思高、NIV 及 JB 三種譯本作「直」。指酒嚐起來令人快活得直接且順暢地滑落至心際。

睡覺人的嘴中　指以欲望激動睡覺人的嘴唇，有性愛的弦外之音。

　　思高譯本：你的嘴裡滴流美酒，直流入了我口內，直流到我唇齒間。

在雅歌第七章第 8 至第 9 節良人何其喜愛他的新婦，離不開他的新婦，以他的新婦為他的寄託，如抓住枝子般的喜不捨離。新婦倚靠良人的信心愛心來見證祂的價值，叫多人得祝福，而從童女那良人，果子的氣味由她的身上可以聞得出來，叫良人喜樂，這是何等珍貴，何等寶貝！無論苦樂都同著良人，因此她的口味如上好的酒，叫良人喜樂滿足。（〈羅〉1：12）

四、委身良人　玫瑰三願

從第九節最後兩行開始的段落一直繼續到第八章的頭四節，它包括了本書第四個主要段落，曾經是群眾焦點的童女，現在再三堅定她對良人矢志委身的心願。

　　我屬我的良人，他也戀慕我。

（〈雅歌〉7：10）

我屬我的良人　本節更進一步說到她所愛者的願望放在她身上。（參 6：3；2：16）

他也戀慕我　戀慕，（〈創〉3：16；4：6）原文意義為催促人採取行動的強烈慾望。女人的慾望得著丈夫注意。不由想到「我的良人也屬我，祂在百花中放牧群羊」（6：3）。

此段文字思高譯本為：「我屬於我的愛人，他醉心戀慕著我。」

> 我的良人來罷，你可以往田間去，
> 你我可以在村莊住宿。

（〈雅歌〉7：11）

良人來罷 他在（2：10-14；1：3）向她表白的詞義裡，暗示跟著他去流浪漂泊，過著牧童的生活。閒逛到田間一開敞的鄉野，在那裡一起過夜（住宿）（參1：13）。

田間去 村莊對田間原意配對。「在鳳仙花叢間」或「躺臥在香柏樹林中」適合蜜月的情調。字典動詞字根「遮蓋或隱藏某樣東西」（〈創〉6：14）指贖罪，即遮蓋罪。名詞卻不同意思：（〈撒上〉6：18；〈代上〉27：25，與〈尼〉6：2）則作「沒有牆的小村」，與「有牆的」城市相反。利百加遇見以撒是在田間，路得遇見波阿斯也在田間，主耶穌常退到「田間」——曠野和山上去，門徒跟著祂一同過靈修生活。葡萄園是田野主題。

思高譯本：我的愛人！你來，我們往田野去，在鄉間過夜。

> 我們早晨起來往葡萄園去看看，葡萄發芽開花沒有。

（〈雅歌〉7：12.I）

早晨 經常帶著熱切期待的弦外之音。「一日之計在於晨」，主耶穌早晨天未亮常到鄉野去禱告。

葡萄園 是性愛的隱喻（參1：6；2：15），這裡缺乏涉及他人的隱喻，上下文顯然具有性愛的影射。

發芽開花 「開花」是指幼的嫩葡萄樹，字根來自原文地名：「希馬大」（Semader），該地特優品種葡萄樹輸入以色列。隱喻愛情的禮物要在園子／葡萄園給予的（參1：24；4：10；6：11）。

> 石榴放蕊沒有？我在那裡將我的愛情給你。

（〈雅歌〉7：12.II）

石榴放蕊　葡萄與石榴是多結果子的品種。兩人的愛情到開花放蕊就在田間——鳳仙花叢中，表明眾多滿溢的愛。

愛情　在原文的字形與發音皆與「雙乳」相近。

思高譯本：清晨起來，我們到葡萄園去，看看葡萄是否發芽，花朵是否怒放，石榴樹是否已開花，在那裡我要將我的愛獻給你。

> 風茄放香，並且在我們的門口有各樣新陳佳美的果子。
> 我所愛的啊！這都是我為你存留的。

（〈雅歌〉7：13）

風茄　原文「愛果」意，是求愛的象徵，能激動愛情。(〈創〉30：14-16)「蔓陀羅花」（思高）一種具有刺激性芳香植物，形似人參，黃的顏色，有香味，結果很多，並有催情作用。〈創世紀〉裡雅各妻子利亞失寵，她長子流便在曠野拾了一隻風茄。它是生育預兆，拉結向她討取，因為拉結得寵而不生育。主有許多屬靈的後裔，就是為了有「風茄放香」。

門口　摩西五經中指「會幕門口」經常指城內。(如〈王上〉7：10；〈耶〉7：2；〈何〉2：15)意謂：「指望的門」、〈彌〉7：5則譯作「守住你的門口」。這裡是論及女孩子的性魅力。

新陳　以貯存產物或陳列豐饒飾品全部為良人存著。(參4：16/7：10)

佳美的果子　是「快活果子、珍貴果子、美味果子、稀罕果子」(4：13；4-16)指女孩子身材上和性方面的吸引力，在這個交談裡這對伴侶互相委身。此段文字亦隱喻：引人歸主果子外，「聖靈果子」，嘴唇所結讚美感謝的果子——成聖、悔改。但最大的果子是「愛」，惟有「愛」才能滿足主的心意。

思高譯本：蔓陀羅花香四溢，我們的門旁，有各種美果。新的舊的都有；我心愛的，我都為你留下。

在六章末節曾提到「瑪哈念」的跳舞，天上一隊和地上的一隊，以聯歡和一致行動，在地上發生影響力，產生第七章的成果。

　　這是補償教會今世的缺失，大家殷殷期待來到的時代。「我們要以歡樂將榮耀歸給祂，因為羊羔婚姻的時候到了，新婦預備好了。」（〈啟〉19：7）如同在〈啟示錄〉裡，末世的預言常有重複，也常有演進。〈雅歌〉的題目亦然，在這詩段裡，演進至八章：1至3段，新娘（上帝的選民）用這些話，表示她如何切盼主耶穌的再臨。今日教會也充分渴望祂，對主說：「願祢快來」（參〈啟〉22：20）。

第八首：愛情的無價

雅歌的第八章是全書的尾聲，更是一曲偉大的愛情頌，引領〈雅歌〉臻至高潮。童女訴說著她的願望是與「他」更親密的相繫結合，並且懇求耶路撒冷的眾女子勿再打擾。

一、情同手足　我見猶憐

> 巴不得你像我的兄弟，像喫我母親奶水的兄弟；
> 我在外頭遇見你，就與你親嘴，誰也不輕看我。
>
> （〈雅歌〉8：1）

巴不得　呂振中、現代中文譯本、NEB、NIV 意譯為「但願」；JB 本則意譯為「唉！為甚麼……不是」。

遇見你　AV、ASV、NIV、NEB 中譯意謂「找到」。

新婦並不滿足於單在隱密處向新郎傾訴她的愛，她更願所有人都知道她對王的愛情。她恨不得新郎變成她的弟兄，好讓她暢所欲言，在眾人面前顯明她的愛情，甚至在外頭與她親嘴，也不至遭到別人的非議。

> 我必引導你，領你進我母親的家，
> 我可以領受教訓，也就使你喝石榴汁釀的香酒。
>
> （〈雅歌〉8：2）

我可以領受教訓　此句可改譯為「你會教導我更好」。呂振中譯為「她必教導我」，但許多釋經學者與譯經者依據七十士譯本加上了「進那懷我者的臥房」有：呂振中譯本、思高本、RSV、NEV 等；現代中文譯本譯為「讓你指點我」。

這裡表達了妻子願意順服丈夫的領導，尤其在知識上。丈夫取代了她母親的教導角色，將他的知識與妻子分享。

石榴汁　用石榴汁製造的凍果子露，是中東地方民間流行的飲料。

RSV、NIV譯為「花蜜」；呂譯本是：「石榴汁的甜酒」；思高本為「石榴的甘釀」。

香酒 令人陶醉的汁液；呂譯「摻有香料的酒」；現代中文譯本、NEB「香料調製的酒」，這個字明確的意義無法肯定。

另外就屬靈意義而言：是說到如今聖徒們天天靠著復活的基督所作的事工，若全是為愛主而無其他的目的，這一切工作的果效都如同「石榴汁釀的香酒」一般，可使主基督快樂，滿足，並且自己也與主同享快樂。

> 他的左手必在我頭下，他的右手必將我抱住。
>
> （〈雅歌〉8：3）

此節與二章6節是大同小異的；只多了一個「必」字。這是表明她的軟弱和主大能的扶持。基督徒越覺到自己的軟弱，越需要主的安慰和扶持。不但以往一切勝利的生活全是靠著祂大能和慈愛的保守。她更相信良人必保守扶持她直到見主的面；那時，就與主永遠同居，享受永遠的安息了。

> 耶路撒冷的眾女子啊，我囑咐你們，
> 不要驚動，不要叫醒我所親愛的，直到他自己情願。
>
> （〈雅歌〉8：4）

本節與〈雅歌〉第二章第7節及第3章第4節同，詳細內容請參閱前述之經文註解。

二、情是何物　無價之寶

> 那靠著良人從曠野上來的，是誰呢？
> 我在蘋果樹下叫醒你，
> 你母親在那裡為你劬勞，
> ——那生養你的（母親）正在那裡為你劬勞。
>
> （〈雅歌〉8：5）

靠 思高本譯為「依偎」；現代中文譯本則為「手牽手」。

曠野 未開發但若予灌溉可成良田的土地；當時城市多建在山上，耶路撒冷尤其如此，故說「上來」。

蘋果樹 NEB 意取為「杏樹」，參看第二章節 2-3、2-5，可能因蘋果香甜，借喻愛情的滋味。「叫醒你」激動愛情。「那裡」指出生的地方。

再則，愛始於痛苦，「你母親為你忍受產痛」（現代中文譯本）。相愛中，他們經歷許多的痛苦，雖然愛是痛苦的，但卻能結出美好的成果。

> 求你將我放在心上如印記，帶在你臂上如戳記；
> 因為愛情如死之堅強，嫉恨如陰間之殘忍；
> 所發的電光，是火燄的電光，
> ──是耶和華的烈燄。

（〈雅歌〉8：6）

雅歌中第八章第 5 與第 6 兩節一般被視為全書的高潮，亦揭示出全書的主旨──「讚美愛情的力量堅強無比，水火難摧，世上財富所不能交換。」

求你將我放 NEB 版譯意取「將我配戴」；呂本譯為「將我印」。

印記、戳記 是為同一個原文字，出現兩回。用來標示財產或擁有權。擁有另一個人的印記就是等於有自由使用他或她一切財物的權利。這裡以文字隱藏地暗示著「女孩子要將她對她這位良人的擁有權深深地且公開地印在他身上。」

詩裡「在心上」指內在；「帶在臂上」指外在，這裡指新郎要在內心以及眾人面前珍愛她，並表明他的心和雙臂全為她的，因為愛要求奉獻和擁有一切。

嫉恨 呂振中譯本為「熱愛」的意思；現代中文譯本為「戀情」；思高本為「妒愛」；是指強烈的欲望。

陰間 即冥府的所在地，充滿了塵土和蛆蟲、黑暗和寂靜，長存死

蔭，那裡的人臉色蒼白，軟弱無力（〈賽〉14：9-11；26：14/19；〈詩〉115：17；〈傳〉9：10）。

殘忍 呂振中、現代中文譯本為「牢固」；思高、NIV 為「頑強」；JB 為「無情」，其意義為「硬」或「頑固」，即「不屈服的」。

電光 AV 譯為「煤」；呂譯「烈燄」；思高、現代中文譯本為「火燄」。

耶和華的烈燄 RSV、呂譯及 NIV 本譯為「強大的火燄」；NEB 譯為「比任何火燄更厲害」；JB 為「雅偉自己的火燄」；其意義可以是「愛情是火燄，其源頭乃在於神」。有些譯本則前無「耶和華」的字眼。

按烈燄一詞的形式耐人尋味，用於其原文字尾帶有 yah 的字樣，相當於「雅偉」（yahweh）的簡寫，有時即代表希伯來文中形容詞的最高級形式，亦即「雷霆萬鈞的火燄」。《聖經》中尚有其他這樣的例子，如：「幽暗之地」（〈耶〉2：31），「寬闊之地」（〈詩〉118：5）。在〈雅歌〉中唯一可能暗示神名之處，竟是如此含蓄不露，不禁令人遺憾；不過這也顯示在以色列抒情詩中如何慣用神聖因素的特例。

> 愛情，眾水不能熄滅，大水也不能淹沒；
> 若有人拿家中所有的財寶要換愛情，便全被藐視。
>
> （〈雅歌〉8：7）

眾水 思高本與 JB 本為「洪流」；

大水 思高與 NIV 本譯為「江河」；JB 本譯為「湍流」。愛情那不屈不撓的持續力對抗這些潮水與長流不斷的江河，它們既不能將愛情沖走，也無法熄滅它的火花。

家中所有的財寶 AV 本及 ASV 譯本為「資產」；思高本為「全副家產」。

藐視 現代中文譯本及呂譯本為「鄙視」；有諷刺性恥笑之含意。

沒有任何東西是可以代替愛情的。只有基督的愛才能滿足人心。這愛藉著十字架上的犧牲傳到祂子民身上。除了從他們身上獲得愛的回應，再沒有別物能使祂感到欣慰和滿足。

在〈雅歌〉第八章第 5 至第 7 節揭示出——愛情的偉大，水深火熱，不能消滅。

古往今來許多人歌頌愛情的偉大，它受不了敵對，經不起否認，不接受妥協。愛不能加以嚴詞厲色，威逼利誘，以棄其所好——貧賤不能移、富貴不能淫、威武不能屈。它會癡癡地等，海枯石爛，此情不渝。「我心匪石，不可轉也；我心匪席，不可卷也；信誓旦旦，不思其反」。其智巧，仿如江上之清風，取之無禁；其資源，化為海中之明月，用之不竭。天長地久有時盡，此愛綿綿無絕期。為謀其利，赴湯蹈火，在所不辭，衣帶漸寬終不悔，為伊消得人憔悴。問世間情是何物？直教生死相許。

根據保羅，愛是「最妙之道」，它帶領我們進入聖潔生活的殿堂（詳參〈林前〉第十三章），長駐在恩典的氛圍裡。

三、情可以堪　小姑待嫁

> 我們有一小妹，她的兩乳尚未長成；
>
> 人來提親的日子，我們當為她怎樣辦理？
>
> （〈雅歌〉8：8）

「娉娉嫋嫋十三餘，荳蔻梢頭二月初，春風十里揚州路，卷上珠簾總不如」。少女含苞待放，年齡未及，家中兄長身為幼妹的監護人，有權代決婚嫁；故決定保護幼妹，直到適婚年齡。

另一方面由屬靈方面來看：「小妹」，即在主裡尚未長成的信徒。「兩乳尚未長成」，即他們的信心與愛心，尚未臻至成熟的地步。「提親」，即主的恩召臨到他們。

因他們的信心與愛心都未成長，便無應召的資格。凡是小信和少有愛心的人，都不能看萬事為糞土，以主耶穌基督為至寶，撇棄一切來屬祂、歸祂，以祂為生活的中心。此時，童女關心這些軟弱的小妹，願意與主同力來建立他們的信與愛，使其能有專一的信心並純全的愛心，來事奉跟隨主基督，以至與主有美滿的連繫。

> 她若是牆，我們要在其上建造銀塔；

> 她若是門，我們要用香柏木板圍護她。

> （〈雅歌〉8：9）

銀塔 呂振中、思高本及 RSV 譯本譯為「城垛子」。

門 表示人可以接近以誘惑她的地方。

香柏木 加強保護她的神聖。拒絕誘惑的女子就像一堵牆，相反，就好像一道門。如果女子不能建立良好的品格，特別是道德上的持守，而隨意濫情，這一切便將會阻礙她建立健全的生命。

> 我是牆，我兩乳像其上的樓；
> 那時我在他眼中像得平安的人。

> （〈雅歌〉8：10）

我是 AV、NEB、NIV 及 JB 譯本中「我現在是」並非過去式。她是在宣布她的成熟度，以及對她所歌頌之愛情和婚姻所作的預備。

那時 呂譯本、NIV 本及 NEB 譯本為「所以」。

在他眼中 JB 譯本為「在他眼下」。

得平安 AV 譯本作「得恩寵」；NIV、NEB 譯本為「正帶來滿足的人」；JB 譯本則為「我已經找到真正的平安」。

這是新婦方面所作的宣告，說明她貞潔的人格及發育成熟。以寓意的觀點來說，我們所見的是外邦教會因神的預備而接受福音，因而肯定神的美意。

> 所羅門在巴力哈們有一葡萄園；他將這葡萄園交給看守的人，
> 為其中的果子，必交一千舍克勒銀子。

> （〈雅歌〉8：11）

巴力哈們 「巴力」意即「主」，「哈們」意即「群眾」。巴力哈門全名的意義，即「群眾之王」；也可解釋為「豐富產業的主人」。

看守的人　JB 譯本為「監工」；NEB 譯本為「管理員」；NIV 則譯為「佃農」；現代中文譯本為「耕種的人」。

經文的含意直指目督將來統管全地的光景。那時全地就仿如一座絢麗的葡萄園，看園的人順服於基督，與祂一同作王，並享受地上佳美的果子。他們為了答謝主的厚恩，便交出一千舍克勒（約十一公斤）的銀子作為還願。

> 我自己的葡萄園在我面前；所羅門哪！
> 一千舍克勒歸你，二百舍克勒歸看守的人。
>
> 〈〈雅歌〉8：12）

在此，女子喻自己為獻給王的葡萄園，看園的人應得的部份收成工資，求王以二百舍克勒銀贈予兄長，酬謝昔日照顧之恩，及為主所做的工作和出於愛心之勞苦，皆不是徒然的。

神向祂的百姓之要求，是十分之一（〈瑪〉3：10）；但祂給信徒的，卻是十分之二（千中之二百）。此處表明祂給人的，比較祂向人所要的還要加倍。所以，神的恩典仍然是全然而充沛的。

> 你這住在園中的，同伴都要聽你的聲音；
> 求你使我也得聽見。
>
> （〈雅歌〉8：13）

園　這裡的「園」字呈現了「域」的空間感，作以複數形式；不單只指一個花園，而是活動範圍在花園中。意寓著她在這環境中的安適自在。

聽　呂譯本為「留心聽」；NIV 本為「聽眾朋友」；其含意有「注意」及「仔細聽」等之意。

新郎的最後一句話，表達出他正欣然細賞所觸及的一切。新婦的飄流歷程已告一段落，愛情已引領她居住在園子裡。基督的愛催使我們出幽谷而遷於喬木，與眾聖徒彼此相交，啊！這是何等喜悅的經歷。

我的良人哪，求你快來，

如羚羊或小鹿在香草上。

（〈雅歌〉8：14）

求你快來　NIV 譯本為「走開吧」；NEB 譯本為「公開露面吧」。

羚羊、小鹿　參考 2：9/19。

香草山　參考第二章第 17 節；第四章第 6、8、10、14 四節，及第五章第 13 節。

愛的工作在新婦心中已見其果效。除了等待新郎再來之外，就沒有別事能滿足她，更沒有甚麼能叫她與新郎隔絕（〈羅〉8：39）的，她輕看一切，只記掛祂的再來。今天，主的愛已臨到我們，願我們靠著基督尋求主愛裡的一切珍寶（〈來〉13：13-14），好讓我們渴想祂的再來。並且帶著禱告的心說：「阿們！主耶穌啊！我願你來！」（〈啟〉22：20）。

〈雅歌〉中第八章第 8 至第 14 節，此段經文與前 1 至 7 節，其文意上下並不完美連貫，因此難以解釋得入情入理。也許原文是後人加添的。新娘的兄長議定，準備使其妹出閣，並設法她出嫁時能酬獲等值的一大批聘金（參〈創〉34：12；〈何〉3：2）。新娘卻拒絕他們的幫助，因為她的芳心已全屬新郎。

最後二節（〈雅〉8：13-14）構成一段不平常的尾聲，似乎是餘韻繞樑，三日不絕於耳的「未完成交響樂」。「愛是永不止息的」，它將得到最終的勝利──聯結於永恆。

〈雅歌〉的微言大意最可以唐代詩人朱慶餘其〈試張水部〉一詩來表達：「洞房昨夜停紅燭，待曉堂前拜舅姑，妝罷低聲問夫婿，畫眉深淺入時無？」這首詩旨是藉述閨情，而向張籍請益文章的高下。有志深研本書靈意的讀者，可以參考羅勃（Robert）、特涅（Tournay）、福葉（Feuillet）和博普（Pope）等學者的注釋。值得一提的是〈雅歌〉第二章第 4 節的筵宴所，內容異常豐富：有婚宴，或近東淫祀的神妓。猶太的

塔干（Targums）甚至以之為西乃山上之律法研究所。另外第三章第7節所羅門的六十勇士究有何解？有謂此為六十祭司，分別按手祝福，禱以六十個字母的祭司性祝禱文。米大示（Midrash）的注釋說這是代表祭司和利未人（24+24）加上以色列人（十二支派）的數目。也有的說，大衛的衛士有30人，但他的領域只含猶太人的社區，所羅門（預表基督），統治著猶太人和基督徒，故此數目因而加倍（30+30=60）。塔干視女郎的牙齒（42）為祭司吃聖殿的祭物，其紅唇（4：3）代表救恩的朱紅線（〈書〉2：18/21）。大衛的高臺（4：4）意指拉比學院的院長。雙乳（4：5）指兩位彌賽亞（一出大衛，一出以法蓮），或指摩西和亞倫；基督徒指為兩約，或愛神愛人等。

如此一來，第五章第二至八節（5：2-8）的「夢幻曲」便循低調，或避重就輕，一筆帶過。米大示認為這是以色列宗教心態的模稜兩可，基督徒則認為這是逼迫後心靈的鬆懈。良人的頭髮潮濕代表上帝的頭髮被其子民的淚水濕潤。女郎的脫衣（5：3）則顯示以色列人的慵懶，卸去律法的軛來尋偶像，而米大示說是尼布加尼撒滅耶路撒冷時，除去君王與祭司的外袍。良人的手（5：4）指上帝打擊北國，將它歸給亞述，基督徒說上帝的手經過匙孔而變軟。

〈雅歌〉註釋既然系出多門，那麼在註釋的時候，便只好各依靈感，各從其類，自然而自成一家之言了。

雅歌譯文

一　愛的宣召

　　惹人愛的人兒用熱情的音調說出她渴慕情郎的出現，在這裡他被稱為「王」，是沿襲閃族西支和猶太人的用法。

　　這詩歌不是田園詩，而是從都市裡溢出來的。基於它的背景有許多內室的房宅，豐盛的美酒與膏油，並有無數的童女（〈雅歌〉1：2-4）。

> 讓我酣飲他嘴上的甜吻，
> 因您的愛情勝過春醪，
> 您的膏油聞了令人魂消，
> 您出現——像香氣浮飄，
> 自然眾童女都愛上您了。
> 吸引我跟著您，快些——
> 王領我進他的椒房，
> 說，「我們要與你共歡暢！」
> 我們寧喝您的愛情過於瓊漿
> 她們愛您像酒醴甜又香。

二 田舍女郎

一個村女用質樸而傲岸，並天真的嬌態向矯飾的首都女人們陳辭。她的肌膚，不像城市婦女的受庇蔭，是黝黑的。她常暴露在陽光之下，因為兄弟們逼她去看守他們的葡萄園，且向她發怒；而她自己的葡萄園卻沒有看守，太浪費了她的心血（〈雅歌〉1：5-6）。

> 郇城的女子們，我黝黑而秀茂，
> 黝黑得像基達的帳幕，
> 秀麗得像所羅門的羅幕，
> 別睨視我，以我黝黑，
> 是太陽曬我成墨色；
> 兄弟們向我怒赫赫，
> 強我負看守葡萄園之責；
> 我自己的卻看守不得。

三 情郎在哪裡？

這位女郎向她的愛人請求，要說明在哪裡牧放他的羊群。她給他一個溫柔的警告，如她自己去尋找他，他的牧羊伙伴會為她的熱情而給予提示（〈雅歌〉1：7-8）。

告訴我，我所鍾愛的；
您的羊群在哪兒牧放？
亭午叫羊歇何方？
怎麼，真是，叫我像個人徬徨，
在您伙伴群羊裡撞，
他們要告訴我：
「女人中之最美麗的，若你不懂，
別慌，
……
只跟著羊群的腳蹤，
牧放你的小山羊，
在牧人帳棚之旁。」

四　動人的妝飾

　　這對話的地點是巴勒斯坦南部，「王」讚稱其新娘的美貌，有金銀的首飾，擬她作法老車上的駿馬。這樣的比喻，在我們的風俗中感到陌生，卻是閃族的典型。當中較不同的是東方人不把馬當做服苦的牲口，而是王者貴族們戰爭追奔逐北的良伴。新娘歌頌愛情的喜樂以回答她的「王」（〈雅歌〉1：9-14）。

> 新郎：像法老車上的一匹駿馬──
> 　　　心愛的，我這樣地擬你。
> 　　　你的兩腮因耳飾而華麗，
> 　　　你頸上繞著串串的寶玉。
> 　　　我們要給你加上金珠
> 　　　釘上了銀飾。
> 新娘：當王在他的榻上，
> 　　　我的哪噠發出香氣。
> 　　　一囊沒藥正像心愛的，
> 　　　在我胸脯間棲息。
> 　　　我看心上人是一叢鳳仙花
> 　　　在隱基底葡萄園裡。

五　香柏作垣牆

這簡單的抒情詩是以色列北部的本色。愛人們幽會於叢林裡，用香柏樹和絲衫當他們的家（〈雅歌〉1：15-17）。

> 男唱：你瑰麗，心愛的，你瑰麗，
> 　　　你的眼睛像鴿子。
> 女唱：您英俊，心愛的，真甜蜜，
> 　　　芳茵做我們的床榻。
> 合唱：我們的屋棟是香柏，
> 　　　絲杉做我們的椽桷。

六　愛人的比喻

　　這段對話裡，那女郎用謙遜的詞語述說自己的可愛，她的愛人卻把它們變成誇飾她美姿的詞歌。她也讚稱他的俊邁，承認在其友伴中找到了喜樂（〈雅歌〉2：1-3）。

> 女郎：我乃沙崙一朵玫瑰，
> 　　　一朵百合處幽谷。
> 少年：所愛的在少女中，
> 　　　像朵荊棘中的百合。
> 女郎：愛人於少年中，
> 　　　像棵蘋果立於林薄。
> 　　　心花怒放地坐在它蔭下，
> 　　　它的果實嘗起來甜如蜜！

七 大膽的宣佈

女郎於酒店的群眾面前自得地宣佈她嘗到的愛，呼籲使她精力恢復，她因性愛而頭昏眼花。她用嚴肅的誓言懇求耶路撒冷眾女子勿打擾愛人們，讓他們的渴念饜足（〈雅歌〉2：4-7）。

> 他領我進宴會場，
> 他的愛旗在我頂上飄揚。
> 用蘋果支撐我，用庶羞叫我康強；
> 因為愛情叫我盪氣迴腸。
> 他的左手放在我的頭下，
> 他的右手把我摟住。
> 我向你們呼籲：
> 「耶城的眾女子，
> 　指著田野間的羚羊與母鹿，
> 　你們別攪擾，別打斷我們的愛，
> 　等到它滿足。」

八 歌唱的季節已來臨

　　這一首也許可說是文學上表達春天的戀情最美麗的抒情詩了。值得注意的是它的發祥地是城市而不是鄉村。大自然將它的美景昭示給都市的居民，而不顯給質樸的鄉下佬，這觀點早就有人懷疑了。但鑑賞自然和田園詩的創作，是都市的產物。不論以色列、希臘精神時代、羅馬文學白銀時代或現代羅漫蒂克運動，均不例外。

　　這個都市的女郎，躲在家裡，看見她的愛人來找她，呼喚她跟他一同到郊外去，叫他們得以歌頌全美的春天（〈雅歌〉2：8-13）。

> 我的愛人來了，聽！
> 他越山陟嶺。
> 我的愛人像隻羚羊或牡鹿；
> 看，他站在我們的牆後，
> 望戶牖，
> 窺窗櫺。
> 愛人對我說：
> 起來，心愛的嬌娃，往前行。
> 看啊，冬天過了，
> 雨水也停；
> 花兒吐豔遍大地，
> 這時節正好揚起歌聲，
> 四境聽得見斑鳩的歡鳴。
> 無花果結實青青，
> 葡萄蕊播送著清馨。
> 起來，心愛的嬌娃，往前行。

九　愛人的歡迎

　　這顯然是一首新歌的發端。吉士描繪他心愛的人兒不是住在城市的家裡，而是躲在懸崖絕壁裡。他要求他的愛人不必出來，和他到野外去，只要她露出芳姿。她的回答是用含蓄的說法。小狐狸把那正在開花的葡萄園摧殘了。她是否覺得那些少年已找到抵達那裡的路向了呢（〈雅歌〉2：14-15）？

> 吉士：我的鴿子，在磐石穴裡，
> 　　　在懸崖蔭中躲藏；
> 　　　願聽你令音，瞻你面龐；
> 　　　你的面龐秀美，令音將將。
> 靜女：狐狸蒐尋了我們，是那些
> 　　　搗毀葡萄園的小狐狸；
> 　　　因為我們的葡萄園正是花時。

一〇　投降

女郎說到愛情把她和她的愛心固結在一起,邀請他嘗試愛情的滋味直
到天曙(〈雅歌〉2：16-17)。

> 愛人屬乎我,我屬我愛人,
> 他在百合花叢牧放。
> 等天色破曉,陰影斂藏,
> 回轉,心愛的,像一隻麋鹿或羚羊,
> 在那芳菲的山岡。

一一 失愛者之夢

這詩述說出叫人傷懷的分離。夢想她離去的愛人，她蹀躞街頭去尋覓，直到遇見他，就很緊地抓住他，怕再次失去。她也像那快樂的女郎，懇求耶路撒冷眾女子，別打擾她們的好夢（二：7）──但她和愛人的重圓僅是一場夢。重溫那熱情的懇求是愛人彼此乖隔的傷感的高潮。

一種空中樓閣的傷心回響，叫人憶起克里斯托帕馬老的戲劇《褒斯塔斯醫生》來，那英雄在魔鬼將召他的魂魄之前幾小時，由一個愛人當他狂歡之際複述奧維特的話：「慢些，慢些，按照次序地來，你們這些夜間的狩獵者」（〈雅歌〉3：1-5）。

> 夜間我在榻上尋覓情郎，
> 尋覓，卻不見他的影蹤，
> 現在我要起來，到城中，
> 向街上和康莊，
> 尋覓情郎。
> 尋覓，依舊不見他的影蹤。
> 戍卒巡邏時發現了我。
> 「你們可曾見到我的情郎？」
> 　剛剛離開了他們，
> 　就找到我的情郎。
> 　我抓住他，不讓他去遊蕩，
> 　帶他到我媽的內室，
> 　到那孕育我者的臥房。
> 「我向你們呼籲，耶城的女子們，
> 　指著田野間的羚羊與母鹿，
> 　你們別攪擾，打斷我們的愛，
> 　等到它滿足」。

一二　所羅門結婚進行曲

　　這首詩可推算是最古老的片斷被收在集裡。它描繪的是所羅門王和一位外國（或者是埃及）公主結親，迎親的行列從沙漠經過的情形。另一篇王室結婚進行曲的例子，和所羅門王無關，見於〈詩篇〉四十五篇。這裡佈置公主來臨時精巧的場合是宮庭詩人所描述的（〈雅歌〉3：6-11）。

> 是誰從野地來臨，
> 正像幪曈的煙雲？
> 用商人各種香粉
> 沒藥乳香來薰？
> 看，所羅門的昇床，
> 六十個勇士護衛在旁，
> 都是以色列之強，
> 劍術精到，
> 跑慣戰場。
> 個個佩著寶刀，
> 好鎮壓夜裡的驚惶。
> 所羅門王為自己造一乘轎子，
> 利巴嫩木做轎身，
> 柱子用純銀，
> 轎底鑲黃金，
> 坐墊紫黑色，
> 裡面鋪上象牙般的文茵──
> 出自耶城女子們的愛心。
> 趕上去，錫安的眾女郎，
> 瞻望所羅門王，
> 他在結婚的良辰，

王母替他加冕多堂皇，
這一天他的心花真怒放。

一三　全美的愛人

　　這首是歌頌愛人形式完美的典型褒歌。無論稱讚女性美的標準或表情方式的刻畫，都具古代東方人的特色（〈雅歌〉4：1-7）。

　　　　你俊美，我愛的，你俊美！
　　　　那雙像鴿子的眼兒在羅帕裡，
　　　　頭髮好比山羊群，
　　　　由基列頂奔流到山底。
　　　　皓齒如一群待剪毛的馴羊，
　　　　從水中洗淨而起，
　　　　成雙成對，沒有殘缺不齊。
　　　　唇是一圈緋紅的線子
　　　　口吻真甜蜜；
　　　　兩顋類似石榴片，
　　　　隱在綃巾底。
　　　　脖子是大衛的高臺，
　　　　蓋來做分界碑，
　　　　懸著一千個盾牌，
　　　　全體壯士們的兵器。
　　　　兩個乳房像小鹿，
　　　　原來是雙生的小麂，
　　　　在百合花叢齧食。
　　　　等到天色破曉，
　　　　陰翳飛馳，
　　　　我要置身沒藥山，
　　　　在乳香岡上棲息。
　　　　我愛的，你十全十美；
　　　　絕無一點瑕疵。

一四　山岳的呼喚

從利巴嫩山峰，以色列北部的絕頂，那愛人向他的佳耦呼喚（〈雅歌〉4：8）。

> 我的新婦，跟我出利巴嫩，
> 你要來跟我出利巴嫩。
> 橫過阿瑪那之巔，
> 陟示耳爾和黑門的絕巘，
> 越過獅子窩阡阡，
> 和有豹子的峰巒。

一五　令人銷魂的愛情

　　美人傾城傾國的容貌令她的愛人神魂顛倒，他瞻視她的丰姿，讓陳酒和香精無味，利巴嫩香柏木的清芬也失色，她的口吻比乳與蜜更甜美。這首詩和其後的一首用「妹子」這名詞，涵蘊著可珍愛的滋味（〈雅歌〉4：9-11）。

> 我妹子，我新婦，你讓我神魂顛倒；
> 因你眼睛的眸子顛倒，
> 因你項圈的珠兒魂銷。
> 你的愛情多美，我妹子，我佳耦！
> 那份愛情勝過春醪多多，
> 你膏油的氣味壓服一切香料！
> 你的唇滴下蜜汁，我的新婦——
> 舌底凝著蜜和酥；
> 你那長袍有利巴嫩的香馥。

一六　愛情的欄柵

這段對話裡，吉士讚稱美人可喜的特質，但埋怨她像一個關鎖的園囿，閉塞的泉源。她回答時用反襯法宣布自己是一道自由湧流的泉源，暗示她的愛人太不靈敏。她因此呼喚風兒來吹出她的香味給他，讓他會進園中來饗用那些佳果。他快活地接受她的邀請，最後發表愛情高潮的樂趣（〈雅歌〉4：12 至 5：1）。

吉士：我好妹，我佳耦，
　　　是個關鎖園；
　　　是個封閉的靈源，禁錮的水泉。
　　　你的柔條是滿園的石榴，
　　　佳果纍纍色鮮妍，
　　　又有哪噠與鳳仙，
　　　松香，番紅花，桂樹，
　　　各樣的乳香在吐豔，
　　　沒藥，蘆薈和一切香草盡歡然。

靜女：我園裡那源泉是口活水井，
　　　從利巴嫩滔滔下注。
　　　醒起罷，北風，
　　　惠臨罷，南風；
　　　吹進我的園囿，
　　　播送它的香味，
　　　願我的愛人入他的苑圃，
　　　從它的佳果得飽飫。

吉士：我進了我的園囿，我妹子，我佳耦；
　　　採了我的沒藥和香草，
　　　喫了我的蜂房和蜂蜜；

喝了我的乳汁和春醪。

靜女：喫罷，我的良友，

　　　喝罷，啊，

　　　酣飲愛情當美酒。

一七　愛情的苦樂

　　這是集中最長而刻意經營的一首，是採用做夢的形式。它的體制，和前面尋覓那看不見的情人和讚美他的儀表的褒歌的模型，一樣有巧妙的組織。

　　這歌反映出一個辯才無礙，善於撒嬌的城市女郎，她的手段鬥不過愛情的權力。這女郎是在睡鄉裡，聽見愛人在敲門，要求進入屋裡。她戲謔地回答他，說她自己已經上床休息了。代替著繼續的調侃，正像她所期望的，他離開她的門檻。她戀念他的聲音，跑到城中的街上，處處去尋找他。巡邏的兵卒誤認她是遊蕩者，把她打傷了。她轉向耶路撒冷的女子們——一切的事在夢裡都是可能的——懇求她們告訴她的愛人，說她思念到生病。她的愛人要怎樣識別呢？她意氣高揚地回答著，說她的愛人是漂亮絕倫，剛強與迷人。耶路撒冷的女子們因她述說的感動，答應要幫她的忙。但這女郎覺得最好還是謹慎一些，因為從她們得了太多的援助是會誤事的。她拒絕了她們的幫忙，並快樂地宣佈她的愛人已經找到進他園中的路向。他惟獨屬乎她，而她也是屬乎他的（〈雅歌〉5：2至6：3）。

> 我睡了，內心卻醒覺。
> 聽！愛人在叩門：
> 「替我開，我妹妹，我的愛，我鴿子，我完人，
> 　我的腦袋濕了，
> 　我的頭髮為夜露所霑」。
> 「我已經脫了外套，
> 　再穿上怎能夠；
> 　我已經洗了雙腳，
> 　叫它們再髒掉？」
> 　愛人從鑰隙縮回了手，
> 　我的心為他而窘擾。

我起來替愛人開門，
他的嘴唇是百合花，
滴下了沒藥液。
他的膀臂像金管
嵌上了白玉
他的軀幹是象牙軸，
鑲了藍寶石。
他的脛是大理石雕成的，
放上精金座，
他的儀容像利巴嫩，
風度勝過香柏樹。
他的嘴巴那麼甜，
全然惹人的愛慕。
耶路撒冷的女子們，
這就是我的朋友，我的情侶。
「你的愛人到哪裡，
你這女子中最美的？
你的愛人轉向何方，
我們好去尋找幫你忙？」
「我的愛人下到他的園中，
進入香草圃，
在苑中牧羧，
採摘百合花朵朵。
我屬我愛人，
愛人屬乎我，
他倚偎百合花和群羊為伍」。

一八　美的魔力

　　這是一首最古老的褒歌，可斷定是王國分裂的上半世紀的產品（主前九三〇和八八〇）。吉士稱讚他那情侶的美貌，是用南方的耶路撒冷，北方的得撒，這兩個都會去比儗她。許多反覆重述的短語，對於我們並不陌生，因集中較早的詩歌已經用過，是大眾詩歌的本色（〈雅歌〉6：4-7）。

> 我的愛，你像得撒的瑰逸，
> 像耶路撒冷般挺秀，
> 這壯闊的景象叫人呆住！
> 請你把眼睛轉離我
> 因它們叫我迷惘。
> 你的頭髮好比山羊群
> 從基列滾流而下，勢瀚浹。
> 你的牙齒如一群母羊，
> 洗完浴由水而上；
> 兩兩成雙，無一失喪。
> 你的顋顋似石榴切片，
> 隱在帕子裡面。

一九　獨一無二

那吉士聽見有許多光華煥發的婦女在宮庭裡，但他所愛的只有一人，完美無倫，在她母親所生的她最得寵。莫怪所有的婦女都一齊來讚美她（〈雅歌〉6：8-9）。

> 那有六十個后妃，
> 八十個宮婦，
> 還有童女無數。
> 但我的鴿子，我的淑女，只有一人，
> 是她母親最寵惜的嬌兒，
> 生她的，愛她如掌珍。
> 眾女見了她，說她真快樂，
> 后妃與宮婦也稱道她的幸福。

二〇　愛情的曙光

　　在吉士眼裡，那靜女的容輝惟有天上的眾辰可以媲美。春天來了，他決定下園圃去，觀賞果樹在萌發。在那裡心愛的靜女要把她的芬芳獻給他享用。

　　在大眾所接受的版本中，最後一節是無從索解的，（此據葛底斯的修訂加以改譯）（〈雅歌〉6：10-12）。

> 她是誰，看來像晨星，
> 像月亮的秀麗和平，
> 像太陽的煥彩光明，
> 這樣壯闊的景象叫人震驚！
> 我進到核桃圃，
> 觀賞嫩綠的澤藪，
> 看葡萄萌芽沒有，
> 石榴開花與否。
> 我真會得意忘形，
> 在那裡你要贈我以沒藥，馥又香，
> 噢，貴戚的女郎！

二一　女郎的舞姿

在我們的時代敘利亞的農民有這種風俗，新娘在結婚那一天要表演劍舞。〈雅歌〉常被認為希伯來人具有敘利亞人這種習尚的佐證。本段該是指這件事。所謂「王」或新郎，在歌中被提出，只是這段沒有指明帶著劍。但我們可以確信那女郎是在舞蹈，顯示她靈雅的動作和優美的體格。歌中指出她是書念的女郎，這個市鎮以產美女著稱。這綽號叫「書拉密女郎」的在希伯來文被誤會為所羅門所鍾愛的村女的特有名稱。

詩歌從她的友伴呼喚她回轉而開始，她們欣賞她妙曼的姿態。她謙謹地問她們能夠從自己看到甚麼。接著，她們描摹她的軀體在運動中的美姿，由跳踉的腳談到戴著堂皇冠冕的髮髻（〈雅歌〉7：1-6）。

友伴：「轉，轉過來，書念女郎，

　　　　轉，轉過來，我們好欣賞你的容光！」

女郎：「你們會從書念女郎看到什麼呢？」

友伴：「高貴的女子，

　　　　真的，向後舞蹈！

　　　　你著鞋的蓮步多美好！

　　　　你那圓腿像玉環，

　　　　經過巧工的雕剜。

　　　　不缺少調和的酒，

　　　　你肚臍像玉杯般渾圓。

　　　　你的腰是小麥堆，

　　　　安放在百合花之間。

　　　　兩乳似一對麑麂

　　　　是母鹿的孿生子。

　　　　脖子好比象牙臺。

　　　　兩眼兒像希實本的水池，

坐落巴拉賓門外，
鼻梁宛然利巴嫩塔
朝向大馬士革。
你的頭的顏色深紫，
王受那些髮絡所糾住！」

二二　多麼可喜的愛情

　　在這首愛情的狂想曲中，吉士把他所選的情人比作纖小莊嚴的棕樹，並宣佈他要爬上它的枝子，享受它的樂趣（〈雅歌〉7：7-10）。

　　下面幾節的歌詞（〈雅歌〉7：11-14）可能構成靜女的答詞。這首的章句既然不是向他的愛人直接發表懇求，而是一種褒歌，接上來的自非一種答案，看來好像是兩首獨立的詩歌。

> 愛人，你多美貌，多惹人愛，叫人喜悅！
> 你的身段像一株棕樹亭亭玉立。
> 兩乳像纍纍的葡萄真堪採擷。
> 我說：「我要爬上我的棕樹，
> 握住它的枝。
> 你乳房是葡萄纍纍下垂，
> 你的臉有蘋果的芳馥。
> 因你的香吻勝佳釀，
> 能給愛人以力量，
> 用渴慕把入夢者的嘴唇攪動。」

二三　靜女的諾言

　　靜女喜悅地保證把她和吉士用愛情連繫在一起，靜女呼喚他出門到田野間及葡萄園去，和春天的花爭榮。她答應在那裡要把那份愛情獻給他（〈雅歌〉7：11-14）。

> 我屬我愛人，
> 他給我的是他的渴慕。
> 來，我愛人，我們一同到田野去，
> 我們在村莊裡投宿，
> 好早點起身進葡萄圃。
> 看葡萄可曾萌芽
> 葡萄的新苞可曾開過，
> 石榴開花與否——
> 在那兒我要獻上愛情給您享受。
> 蔓陀羅放出芳馥，
> 我們的門庭裡有各種佳果，
> 新的舊的——
> 在那我要賜您以愛情，
> 這是我特地為您留住。

二四　若你是我的兄弟

女郎向她的愛人公然揭示愛情，遭受鄰舍朋友的嘲笑。如果她的愛人是她同養的兄弟，在她家裡孕育長大！倘若她在街上吻他，領他進母親的住宅，在他身伴喝酒，總沒有人敢非難她。在她的幻想中，描繪自己在愛人的友伴中的寵遇，而呼籲耶路撒冷眾女子不要打擾她想像中的歡樂（〈雅歌〉8：1-4）。

> 如果您真地是我的兄弟，
> 曾在我母親胸懷哺乳！
> 我若在外邊找到您，可以吻您；
> 沒有人敢相輕侮。
> 我要領您進我母親的屋裡
> 她曾教導我，
> 要請您喝香醇，
> 就是石榴滑。
> 他的左手放在我頭下，
> 他的右手把我摟住。
> 我要揚聲，
> 「耶城的女子們，我向你們呼籲：
> 　為甚麼要攪擾，打斷我們的愛，
> 　不讓它滿足？」

二五　蘋果樹下之戀

　　這段文字雖有殘闕，不很清晰，主要的是因為它使用象徵的手法。看來像是對白，在那邊友伴們因女郎依傍著她的愛人來臨而歡暢。但她卻不睬他們，顧自和愛人交談。她重提曾在蘋果樹下叫醒他。他就是在那地方出世的，是他父母之愛的結晶。蘋果樹，一種熟悉的性愛的象徵，依賈士突羅的註釋：性愛的藝術是一代傳遞給一代的。女郎顯然地呼籲他以愛相報（〈雅歌〉8：5）。

友伴：是誰從野地而上，
　　　側身倚偎她的情郎？
女郎：在蘋果樹底下，我把你催醒，
　　　你媽在那兒產下嬌嬰，
　　　是的，那懷你胎的在那兒讓你誕生。

二六　愛的烙印

　　女郎受不了和愛人分離的痛苦。因此她懇求要和他密合得像他的烙印一般。古代的烙印好像指上的指戒和心窩旁垂著的項鍊一般。

　　坦率不畏葸地表露愛情的作風，充塞全文，到這裡已達最高潮的印記，「愛」被描繪為一種可怕的能力——上帝的烈燄。〈雅歌〉所強調的完全基於這種觀點，性愛是神聖的（〈雅歌〉8：6-7）。

> 把我鐫刻在心上作符信，
> 燦焯在臂上當烙印，
> 愛情頑強好比催命符。
> 慾火難制活像幽壤刃。
> 煌煌是雷鞭，
> 上帝的烈燄。
> 愛情，眾水滅不了，
> 洪流沖不散。
> 有誰想用全家的財產
> 去換取愛情，
> 一定遭受譏笑與厭賤。

二七 愛情的堅壘

　　一個年輕的女郎遭受求婚者的包圍，他們抱怨她還沒有作戀愛和婚姻的準備。他們決定要衝破她的防禦，用一種誓言的方式申明。若她繼續冷酷無情，像城牆一樣，他們要加以圍攻。他們計劃要用公認的軍事形式，藉著築造另一個暫時的戰壕圍繞她，從那裡發動「攻勢」。他們所要使用以攻擊的武器的質地是銀和香柏木，可見他們並沒有敵視的意向。這些奢侈品或者是他們呈示給她的象徵性的禮物。

　　她回答說自己真像一座城，不會因他們強求而陷落，也不是她年紀太小而不合於談情說愛。相反地，她已準備好要領略那奇妙的滋味，惟只願和她所愛的共享，並力求其喜悅，超過一切其他的人（〈雅歌〉8：8-10）。

　　　求婚者：我們有個小妹子，
　　　　　　　她還沒有高聳的乳峰。
　　　　　　　當人來議婚的日子，
　　　　　　　我們將何所適從？
　　　　　　　如果她是一座城，
　　　　　　　我們要造銀梁麗去衝撞，
　　　　　　　如果她是一重門，
　　　　　　　我們要用香柏盾去圍攻。
　　　　女郎：我是一座城，
　　　　　　　我的雙乳是樓臺，
　　　　　　　我在情郎眼裡，
　　　　　　　是邀寵的乖乖。

二八　最美的葡萄園

　　愛情真正的快樂和財富虛幻的滿足在此作一寫實的對照。那情郎憶起所羅門王有一個大而繁榮的葡萄園，培植了一千株的葡萄樹。交佃農經管，他們可得總收入五分之一為工資。這個情郎在經濟上講，或者不豐裕；實際上卻遠比所羅門富有，因他擁有無價之寶——她愛人的葡萄園（〈雅歌〉8：11-12）。

> 所羅門有個葡萄園
> 在巴愛爾哈門，
> 他把它交給農人。
> 為著它的果子
> 人須付上一千兩銀。
> 但在我面前有屬乎我
> 為我而設的葡萄園。
> 所羅門，你儘管得你那一千，
> 你的園丁也得二百圓。

二九　讓我聽到你的聲音

　　那靜女坐在園裡，她的友伴圍繞在她周遭。她的情郎請求她邀他去享受愛情的愉樂。當他引她的話——他所期望聽見的，使用熟悉的標誌——小鹿和香草山，以象徵情郎和他的愛侶（〈雅歌〉8：13-14）。

> 你住在園裡，
> 你的友伴在諦聽，
> 讓我得聆聽你的柔聲，對我說：
> 「快些，我的情郎，
> 　您得像小鹿或羚羊，
> 　在那香草的山岡。」

五言詩體之雅歌

第一首，

所羅門之歌　歌中之雅歌
寵儂以甜吻　愛情美瓊漿
子名如膏油　傾倒溢馨香
葵花自向日　童女慕高芳
郇城諸佚女　請聽儂陳辭
儂膚雖黧黑　獨蘊絕世姿
如基達銀幕　所羅門朱帷
願子速引儂　形影時相將
君王攜儂往　攜儂入椒房
我儕因子喜　此樂難計量
激賞子之愛　勝舉玉液觴
群花爭慕子　曄昱萬丈光
莫輕儂黧黑　日灼自鮮妍
同母諸昆仲　向儂忿忿然
強儂舍己圃　守彼葡萄園
儂心所慕兮　牧羊在何許
亭午憩何方　曷不發一語
君不見儂在貴友羊群旁
　　　屏營久延佇
姿爾絕色姝　無為野跚躕
第隨群羊去　即不至相踰
寄放山羊羔　牧棚之一隅

佳偶何所似　法老車前駒

兩腮因簪珥　秀色倍豐腴

延頸何高華　高華繞串珠

為爾插金鈿　鑲銀以耀軀
　　王方就坐象牙榻
　　儂之哪噠氣悠揚
君在儂眼裡　似一沒藥囊
緊貼儂胸脯　時時吐芬芳

一棵鳳仙花　尤肖儂所親
屹立隱基底　葡園自生春
　　余之佳偶兮
　　　爾至美
　　　爾至美
　　明眸似鴿子
良人絕俊邁　倜儻若謫仙

青草為床榻　郎儂好甜眠
香柏作屋棟　松樹以為椽

第二首，

余乃沙崙野　　絕特玫瑰花
百合[5]榮華相　　幽獨處山窪

百合雖榮美　　竟與荊棘鄰
佳偶棄粉黛　　曠絕古與今

蘋果雜眾林　　纍纍垂精金
良人生濁世　　不與俗浮沈
坐彼清蔭下　　此樂何處尋
飽嘗其碩果　　色鮮滋味湛

攜儂筵宴所　　愛旗覆春陰

葡乾增儂力　　蘋果快儂心
思慕轉成病　　熱情難自禁

左手為儂枕　　右抱背至襟

郇城眾女兮　　諦聽余叮嚀
羚羊深山歇　　母鹿郊外行
毋令落荒躓　　毋使夢中驚
即儂方繾綣　　欲飽飫春情

是良人聲音　　猗歟已來臨
既陵諸峻嶺　　又越眾岑崟

---

5 此處，亦有他版作「清逸白蓮花」

羚羊方覺醒　麋麑出叢林
小立堊牆後　戶牖曉風侵
窺視窗櫺內　默如有所尋

良人欣告儂
我美人　我愛卿
起與余同行

殘冬已消逝　春和時雨晴

大地萬苞放　林間眾鳥鳴
方葺葡萄園　乍聆鵓鴣聲
無花果結實　葡萄蕊香生
我美人　我愛卿
起與余同行

余之鴿子兮　以磐石為營
陡巖隱密處　容瞻子之榮
陡巖隱密處　為我效啼鶯
鶯啼嬌百囀　玉貌殊光明

葡萄已開花　狐狸來毀壞
咨爾眾園丁　擒此小妖怪

良人屬乎我　我屬我良人
良人牧羊在何許
百合花叢綴綠茵

清風起天際　煙斂雲翳飛
良人猶羚羊　遨遊知所歸
嵯峨山上鹿　躑躅偎芳菲

第三首，

夜臥象牙榻　寤寐求所思
輾轉將何見　寸心徒癡癡
呼之不見應　忉怛莫我知

儂欲出臥榻　肅肅夜城中
廣場與鬧市　尋覓情所鍾
康衢足跡遍　無處覓郎蹤

郇城多戍卒　擊柝巡城闉
叩彼郇山士　有無郎消息

纔離巡邏人　情郎已在側
反身把郎抱　孤鴻終被弋
偎倚入娘家　曲房吐胸臆

郇城眾女子　諦聽余叮嚀
羚羊深山歇　母鹿郊外行
毋令落荒躓　毋使夢中驚
郎儂方繾綣　欲飽飫春情
何物畿外來　厥狀類煙柱
沒藥與乳香　金粉共薰煦
奚來諸珍品　販運賴商賈

所羅門皇輿　周遭六十士
以色列之特　英勇無倫比

人人帶莫邪　善戰又輕死
腰際懸寶刀　夜來防不軌
　　所羅門之華轂
　　利巴嫩木其身

　其底黃金　其柱純銀
坐墊深紫色　喬皇若九春
邱城眾佚女　獻愛作文茵

　錫安諸美女　往瞻所羅門
頭上金冠戴　雄姿蓋龍軒
心芳方怒放　熱烈慶新婚
王母為加冕　日角耀朝暾

第四首，

爾至美

爾至美

面蓋花羅帕　明眸似鴿子
髮若山羊群　基列坡下迤

牙齒如群羭　綿毛新受理
一一生雙達　洗淨方出水
哺乳無差池　知恩縢長跪

唇猶紅線圈　繡口呼蘭茝
顧顋石榴片　蒙在綃巾裡

秀項匹高臺　大衛藏棘矢
上懸千盾牌　千盾千勇士

乳峰殊溫潤　母鹿孿生麑
嬉戲百合叢　嚙食茱與荑
清風起天際　煙消雲霧裡
余投沒藥岫　乳香岡上棲

我愛洵全美　瑞璧皎無瑕
同出利巴嫩

我新婦　我嬌娃

同出利巴嫩　安步以當車
越彼阿瑪那　又陟示尼峨
一凌黑門頂　窺探獅子窩

遠征豹子巇　萬劫眼底過

我妹子　我新婦
奪我心　不用手
明眸轉秋波　項練承華首

我妹子　我新婦
愛情甘如飴　香醇勝美酒
哪噠氣絕倫　杜蘅難比耦
朱唇溢甘露　蜂房如繡口
舌凝蜜與酥　餘韻逌且久
衣如利巴嫩　郁烈世稀有
爾乃封鎖園　我妹我新婦
脈脈涵靈源　禁錮之苑囿

園中多佳果　妙品有石榴
鳳仙花吐艷　哪噠樹含羞

藝哪噠與蕃紅花兮
雜菖蒲桂樹以為儔
滋乳香沒藥於斯畹兮
萃異卉與沈香為一疇

儂乃活水井　園中自悠悠
靈源絕清冽　利巴嫩下流

北風兮興起　南風兮吹來
吹進儂園內　香馥盡散開
良人其臨格　鮮果勝新醅

第五首，

　　　　我妹子　我新婦
　　　　　余今入園圃
　　言採其沒藥　懷袖芳香聚
　　言食蜂房蜜　酣飲醴與乳

　　情侶兮請啜　良朋兮請哺

　　置身臥榻上　身寢心猶寤
　　聽良人叩門　發柔聲低訴
　　　　我小妹　我所珍
　　　　我鴿子　我完人
　　為我啟繡戶　余首露華新
　　余髮已曲局　其色黑而津

　　儂已脫晚服　曷再披上身
　　儂已濯雙足　豈復染濁塵
　　　　良人探手入門隙
　　　　儂一瞥見動心魂

　　遂爾振衣起　為良人開門
　　指滴沒藥汁　兩手漬而淳
　　沾濡木楗上　木楗為浹淪

　　良人轉身去　啟戶空迎迓
　　方彼低語時　儂神不守舍
　　呼之無回音　覓之未見駕

出門遇邏卒　擊柝繞城池
毆儂至受傷　復奪儂之帔

鄘城眾女兮　倘遇儂所思
千祈代轉達　儂已病情癡

若比他吉士　所愛究何殊
抑有高風節　諸君子所無
故乃相叮囑　咨爾絕世姝
所愛勝萬人　面白雙頰朱

其首若精金　髮鬈密氈毸
色澤玄以黑　玄黑似慈烏

眼如溪邊鴿　閒對靈源立
配置真適宜　沐浴以乳汁
䪳猶香花畦　其氣郁且烈
唇乃百合花　沒藥液外泄

手臂黃金管　嵌玉白勝雪
象牙雕作身　鑲石藍而潔

脛寄精金座　宛然石膏柱
貌肖利巴嫩　秀於香柏樹

口吻甜且美　全然可愛慕
鄘城諸女子　敢煩為關注
斯乃儂良人　相知已有素

第六首，

咨爾絕色姝　所愛往何隅
我儕助爾覓　庶免嘆歧途

所愛下園圃　進彼香花畦
採摘百合花　牧放羭與羝
良人屬乎我　我屬我良人
牧放羭與羝　百合中隱淪

余所鍾愛兮　爾美似得撒
秀麗若鄔城　景象殊壯闊
威武振一旅　旌旗何挺拔

轉睛莫視余　魂魄為所奪
髮黑如夏羊　基列坡下逸

牙齒若群羭　洗淨自水出
個個得孿生　無一遭夭殁
石榴分兩瓣　帕中顯顴骨

六十后　八十妃
並無數處子
我雛鴿　我完人
此一人而已
乃母所獨生　鍾愛無倫比
眾女慕高華　后妃咸稱美

外觀若黎明　秀麗奪月霸
試問斯何人　皓如朝暾白
威武展旌旗　雄師待奪翩

儂下核桃園　谷中察蕃蔚
葡萄萌芽否　石榴開花未
依稀蝶蝶夢　飄然迷眾卉
不覺登王車　六龍顯華貴

　　回轉與　回轉與
　　書拉密女兒
　　回轉與　回轉與
　　願瞻爾令儀

觀書拉密女　爾曹欲何為
宛觀瑪哈念　軍中之舞姿

第七首，

　　　　　王女歟　　王女歟
　　　　　爾足著鞋步步蓮
　　　　　圓腿光潤勝美玉
　　　　　自經哲匠所磨研

　　　腔同圓杯子 [6]　　酒醴滿其窐
　　　厥腰小麥堆　　百合繞成畦

　　　乳房溫而煖　　母鹿孿生麂

　　　項似象牙座　　眼若清水池
　　　　　靜處巴拉濱門外
　　　　　隱然希賓本之陲

　　　鼻樑直而端　　如利巴嫩塔
　　　彷彿有所慕　　朝大馬士磕

　　　頭猶迦密山　　綠雲深紫色
　　　髮綹披至肩　　王心為糾纏
　　　　余所愛　　何灼爍
　　　　余所珍　　令人樂
　　　亭亭玉立　　棕樹其身
　　　乳同碩果　　纍纍生春

　　　余今欲攀援　　緊握棕樹枝

6　此句係據 *The Interpreter's Bible*, Volume5, 135 之註。

爾乳似葡萄　纍纍雙低眉
香吻匹美酒　香氳蘋果香
飲咽極舒暢　唇齒留芬芳

我慕我良人　彼亦不相忘
來兮我良人　願與子偕藏
行行下田野　投宿於村莊

明晨入園圃　同觀葡萄棚
是否已開花　是否芽已萌
能見安石榴　吐蕊爭春榮
　　我良人
　儂將饗子以愛情

蔓陀羅怒華　處處播清馨
新舊諸佳果　戶限充以盈
敬獻與君子　藉表儂衷誠

第八首，

子真儂手足　哺乳恩同深
在外相邂逅　吻子不自禁
孰敢相輕蔑　有子繫儂心

攜子入母宅　內室相規箴

饗子以香酒　石榴汁共斟
左手為儂枕　右抱背至襟

邨城諸女子　請聽余叮嚀
千祈須仔細　勿令夢中驚
郎儂方繾綣　欲飽飫春情

伊誰野地起　弱如楊柳枝
託身寄君子　搖曳自生姿

蘋果樹底下　余喚醒細君
令堂在此處　為爾千劬勤
掬育愛卿者　於斯力耕耘
置余爾心頭　銘鏤作印誌
或在腕臂閒　鐫刻成戳記
　　愛情強固死亡境
　　嫉恨凶殘陰府地

厥燄是雷鞭　無上熱且熾

眾水淹之不熄滅

洪流沖走益縱恣

傾家以求之　必為所厭棄

吾曹有一妹　乳峰未豐滿

苟人欲議婚　難言卻與竅

為築銀雉堞　倘彼是城牆

為封香柏板　倘彼是門防

儂曾作城堡　兩乳是樓臺

儂在彼眼裡　曾帶平安來

請看所羅門　置一葡萄園

交園丁經管　在巴力哈門

為園中果實　人須付千元[7]

余之葡萄園　區區此一廛

佳果為我熟　嬌花亦嫣然

敬陳所羅門　君自獲一千

園丁培壅苦　應得兩百圓

寄語園中子　德音希勤宣

夥伴樂諦聽　幸不我棄捐

深願我良人　迅速勿遷延

猶如羚與鹿　山上偎芳荃

附錄一

如今常存的有信、有望、有愛、這三樣，
其中最大的是愛。
〈哥林多前書〉13：13

附錄一：「良人屬我」（樂譜）

良 人 屬 我

李抱忱　作曲
寇世遠　配詞

F調 $\frac{3}{4}$

① 良人屬　我，我也屬　祂，委以終　身，無牽無　掛，沙崙玫　瑰，谷中百　合，醉我心
② 我的良　人，互古無　雙，以愛為　旗，在我以　上，我的佳　偶，使我戀　慕，共享天

扉可誦　可歌，比酒更　美，比膏更　香，比火更　烈，比死更　強，一心一　意，尊祂為
福同奔　窄路，心園關　鎖，惟祂可　啟，活井封　閉，惟祂可　汲，如天之　久，如日之

註：摘自《心被恩感集》

附錄二

愛是恆久忍耐，又有恩慈，
愛是不嫉妒，愛是不自誇，
不張狂，不作害羞的事，
不求自己的益處，不輕易發怒，不計算人
的惡，不喜歡不義，只喜歡真理。凡事包
容，凡事相信，凡事盼望；凡事忍耐。愛
是永不止息。

〈哥林多前書〉13：4-8

附錄二：三週七日〈雅歌〉讀經默想

第一週

　　〈雅歌〉是寓意雋永，影響深遠，發乎情、止乎禮的《聖經》文藝作品，流露天上人間的愛情喜訊。〈雅歌〉細膩描寫男女愛情，實際上是譬喻上帝對以色列百姓的關愛，以及基督對教會的柔情蜜意。

（星期日）

經文：〈雅歌〉一章 1 至 4 節

　　本段開宗明義點出初戀的滋味，在這裡男主角被稱為「王」。這詩歌的背景可能來自都市，因提及許多內室的房宅，豐盛的美酒與膏油，並有無數的童女。

❖ 默想：1.你與主的關係是否可由「他」變為「你」？《聖經》中還有何
　　　　　　處有這樣的進展？（參〈詩篇〉第 23 篇）

　　　　　2.試描述你在「內室」中與主接心的經驗。

（星期一）

經文：〈雅歌〉一章 5 至 7 節

　　一位村女用質樸天真的嬌態向那城市的女子陳辭。她的肌膚因操勞而粗黑。本段充分地描述了女子的家庭狀況、生活背景，是童話故事「灰姑娘」（Cendrillon）的翻版。

❖ 默想：1.敘述你個人信主前後的光景有何不同？

　　　　　2.田舍女郎「為人作嫁」——自己的葡萄園卻沒有看守。對一個整
　　　　　　日在外操勞，而忽略自己家庭或教會的教牧同工，有何啟發？

（星期二）

經文：〈雅歌〉一章 8 至 11 節

　　良人喜歡他的新婦來到身旁，她也以對羊隻的關愛來報答他的愛心。他稱讚佳偶的美麗，並為她增添飾物，賜她珍貴的禮物。

❖ 默想：1.何為基督徒最大的賞賜？

　　　　2.這位美麗出眾的女子的「環珮玎璫」有何象徵意義？

（星期三）

經文：〈雅歌〉一章 12 至 17 節

　　良人喜悅她並款待她，女子聽到情人的讚賞，芳心竊喜。這對情侶在香柏樹、松樹的濃蔭下及在美麗的花園中，享受愛情的甜蜜。

❖ 默想：1.試比較本段經文與〈詩篇〉第 23 篇的意境。

　　　　2.試解釋青綠的顏色、香柏木的棟樑、松樹的柱子，各有何象徵意義？

（星期四）

經文：〈雅歌〉二章 1 至 7 節

　　佳偶與良人初戀後，首次重逢於田野間。兩人互吐衷曲，以花、草、動物等比方，訴說自己心目中的傾慕，最後相約在比特山上。

❖ 默想：1.試述你的「自我的形象」如何？

　　　　2.「不要驚動」的愛情，對你的人際關係有何啟發？

（星期五）

經文：〈雅歌〉二章 8 至 13 節

　　這位都市女郎，躲在家裡，看見她的愛人來找她，並呼喚她跟他一同到郊外去，叫他們得以歌頌美麗的春天。

❖ 默想：1.面臨「良人」呼喚的聲音，你有何回應呢？

　　　　2.語云：「一年之計在於春」，你當如何安排靈性的春天呢？

（星期六）

經文：〈雅歌〉二章 14 至 17 節

　　良人見佳偶欲語還羞的俏模樣，說出傾慕的請求。佳偶與之應答，別離後約在比特山上相會。

❖ 默想：1.當主呼召我們起身跟隨的時候，我們如何得知呢？（參〈羅馬書〉8：16）

　　　　2.如何在主裡得安息？（參〈希伯來書〉4：3）。

第二週
（星期日）

經文：〈雅歌〉三章 1 至 5 節

　　本段經文在許多學者心目中被視為少女的夢。這詩述說出叫人傷懷的分離，夢想她離去的愛人，她蹀躞街頭去尋覓，直到遇見他，便緊緊地留住他。

❖ 默想：1.離棄了「起初的愛」的結局如何？

　　　　2.何謂「尋找」的神學？（參〈路加福音〉15：5, 15：9；〈馬太福音〉7：7。）

（星期一）

經文：〈雅歌〉三章 6 ～ 11 節

　　這首詩描繪的是一首結婚進行曲，好像王者結親，迎親的行列從沙漠經過的情形。香氣繚繞，富麗堂皇。

❖ 默想：1.試述你參觀婚禮盛況的經驗，以之推想「羔羊的婚筵」（參〈啟示錄〉21：9-22：5）。

　　　　2.如何確知我們將來必得「榮耀的冠冕」？

（星期二）

經文：〈雅歌〉四章 1 ～ 5 節

　　這對少年夫婦結成連理之後，新郎心滿意足，對新婦發出由衷的禮讚。良人稱許佳偶的美麗，有閉月羞花之容，沈魚落雁之姿。

❖ 默想：1.我們在主眼中的形象如何？

　　　　2.如何使我們自己做到「人見人愛」？

（星期三）

經文：〈雅歌〉四章 6 至 8 節

　　本段經文看到新郎對新娘的戀慕，新郎對新娘的滿意程度，無以復加，更呼喚她同行，遍歷名山，離開險地，夫唱婦隨，鶼鰈情濃，表露無遺！

❖ 默想：1.當主呼喚的時候，你當如何回應？（參〈路得記〉1：16；1：17）？

　　　　2.試述不追隨主腳蹤的後果。

（星期四）

經文：〈雅歌〉四章 9 至 11 節

新娘嫵媚動人，令人銷魂奪魄。新娘的愛情，比酒更濃，比蜜更甜。

❖ 默想：1.我們的愛，如何能夠「奪主的心」呢？

2.「我妹子，我新婦」的稱呼，有什麼特別的涵意呢？

（星期五）

經文：〈雅歌〉四章 12 至 15 節

在這段對話裡，吉士稱讚美人可愛的特質，但又埋怨她像一個閉鎖著的園圃，閉塞的泉源。她用反襯法回應自己是一道自由湧流的泉源。

❖ 默想：1.「關鎖的園、禁閉的井、封閉的泉源」各有何指？

2.對於上述的說法，女郎有何回應（〈雅歌〉4：15）？

（星期六）

經文：〈雅歌〉四章 16 至五章 1 節

新郎和新娘在一起，新娘她發表了自己的心聲，甘願把自己馨香的愛情，完全獻給新郎；而新郎也回應了這心願，悅納新娘的鍾情。

❖ 默想：1.教會應如何預備自己回應主的愛（參〈以弗所書〉5：25）？

2.身為信徒可以結出什麼樣的果子獻給主享用？

第三週

（星期日）

經文：〈雅歌〉五章 2 至 5 節

在前文中所安排的第一週，我們見到整個婚筵的高潮，如今在進入第

五首詩曲時，卻是低調，這首詩曲一般視之為夢境。經過熱鬧的婚禮，並洞房的歡樂，突然峰迴路轉，新娘拒絕新郎的要求，兩人小別分離。

❖ 默想：1.試回憶你自己曾經有否拒絕過主的恩惠？若然，箇中滋味如何？

2.人生苦短，來日無多，你當如何儆醒，預備迎見你的神？

（星期一）

經文：〈雅歌〉五章 6 至 16 節

這種思愛成病已經發生過好幾次了（2：5；3：5），如此顯出新娘對新郎的愛是何等高深。

❖ 默想：1.以色列人在什麼樣的光景才對耶和華思愛成病？

2.如何治療對上帝的「相思病」？

（星期二）

經文：〈雅歌〉六章 1 至 9 節

在疑真似幻的惡夢裡，佳偶尋找良人千百度，良人的離去使得佳偶魂不守舍，在對耶京女子描述完良人之美以後，耶路撒冷的女子說話了。

❖ 默想：1.這女子被稱為「極美麗的」，我們有無把握被稱為「最」美的佳麗？

2.「我屬我的良人，我的良人也屬我」，你是否已經體會這種「天人合一」的光景？

（星期三）

經文：〈雅歌〉六章 10 至 13 節

美麗光華的書拉密女，是新郎唯一所愛，更是眾人注視焦點；她光明如太陽，美麗如月亮，同時又莊嚴如軍隊，她是獨一無二的，令人無法抗拒。

❖ 默想：1.本段經文的主角分別有二說。試比較新郎說與新娘所說的不同何在？

2.我們如何觀察一個信徒的見證？如何衡量一個人的靈性光景？

（星期四）

經文：〈雅歌〉七章 1～至 6 節

詩歌從她的友伴呼喚她回轉而開始，她們欣賞她曼妙的姿態。她謙謹地問她們從自己看到什麼。接著，她們描摹她的軀體在運動中的美姿，由跳躍的腳談到戴著堂皇冠冕的髮髻。

❖ 默想：1.「腳在鞋中何其美好」。令人聯想起神所賜的全副軍裝中，鞋子有何所指？（參〈以弗所書〉6：15）

2.「紫黑色的頭髮繫住王的心」，思想押沙龍和參孫的長髮有何結局？

（星期五）

經文：〈雅歌〉七章 7 至 14 節

在這首愛情的狂想曲中，吉士把他所選的情人比作纖小莊嚴的棕樹，並宣布他要爬上它的枝子，享受它的樂趣（7：7-10），下面則是倩女的答詞（7：11-14）。

❖ 默想：1.舉例說明《聖經》中「樹的故事」（參〈列王紀下〉10：9）。

2.在《聖經》中，信徒所結「佳美的果子」有若干？

（星期六）

經文：〈雅歌〉八章 1 至 14 節

這是全書的尾聲，更是一首偉大的愛情頌，把〈雅歌〉帶上最高峰。童女說到她的願望是與他更親密地結合，並且懇求耶路撒冷的眾女子勿從

中打擾。

❖ 默想：1.《聖經》的品格之一是在教外「有好名聲」(〈使徒行傳〉6：
　　　　3)，「得眾民的喜愛」(〈使徒行傳〉2：47)，因此我們如何在
　　　　日常生活上不遭人的「輕看」、「非議」？

　　　　2.「問世間情是何物？直教人生死相許」，對夫妻之愛，你的看法
　　　　如何呢？試述「真愛運動」的重要性——「婚前沒有性行為，
　　　　婚後不要婚外情」。

註：在〈雅歌〉第八章第 6 節末：「耶和華的烈焰」為形容詞的最高級來修飾火勢，與上帝的名字無
　　涉，意為「雷霆萬鈞的火焰」。《聖經》中尚有他處，參「幽暗之地」(〈耶〉2：31) 及「寬闊之
　　地」(〈詩〉118：5)，顯示在以色列抒情詩中慣用神聖因素的特例。

雅歌註釋雙譯

譯著者◆王福民　楊東川

發行人◆王春申

總編指導◆林明昌

營業部兼
編輯部經理◆高　珊

責任編輯◆吳素慧

校對◆許素華

美術設計◆吳郁婷

出版發行：臺灣商務印書館股份有限公司

地址：23150 新北市新店區復興路 43 號 8 樓

電話：（02）8667-3712　　傳真：（02）8667-3709

讀者專線：0800-056-196　　郵撥：0000165-1

E-mail：ecptw@cptw.com.tw

網路書店網址：www.cptw.com.tw

臉書：facebook.com.tw/ecptw

網址：www.cptw.com.tw

部落格：blog.yam.com/ecptw

局版北市業字第 993 號

初版一刷：2015 年 5 月

定價：新台幣 350 元

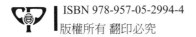

ISBN 978-957-05-2994-4

國家圖書館出版品預行編目 (CIP) 資料

雅歌註釋雙譯／王福民，楊東川著． --初版． -
- 新北市：臺灣商務， 2015. 05
    面； 公分
ISBN 978-957-05-2994-4（平裝）

1. 雅歌　2. 註釋

1241.39　　　　　　　　　　　104003474